Paris
1849

Grün, Alphonse

Le Vrai et le faux socialisme. Le
Communisme et son histoire

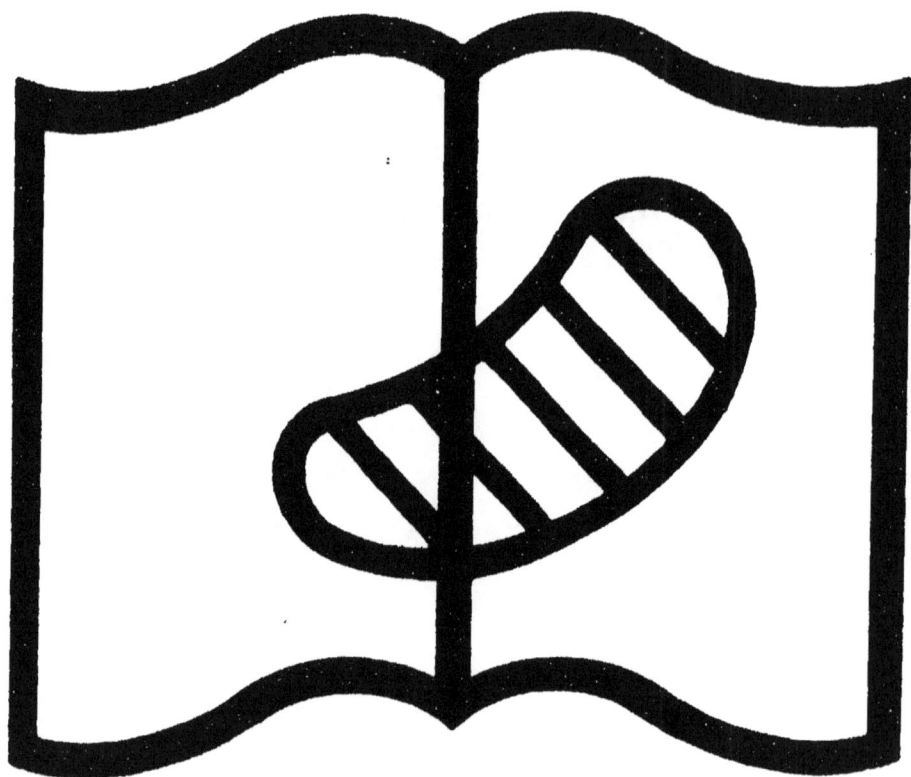

**Symbole applicable
pour tout, ou partie
des documents microfilmés**

Original illisible

NF Z 43-120-10

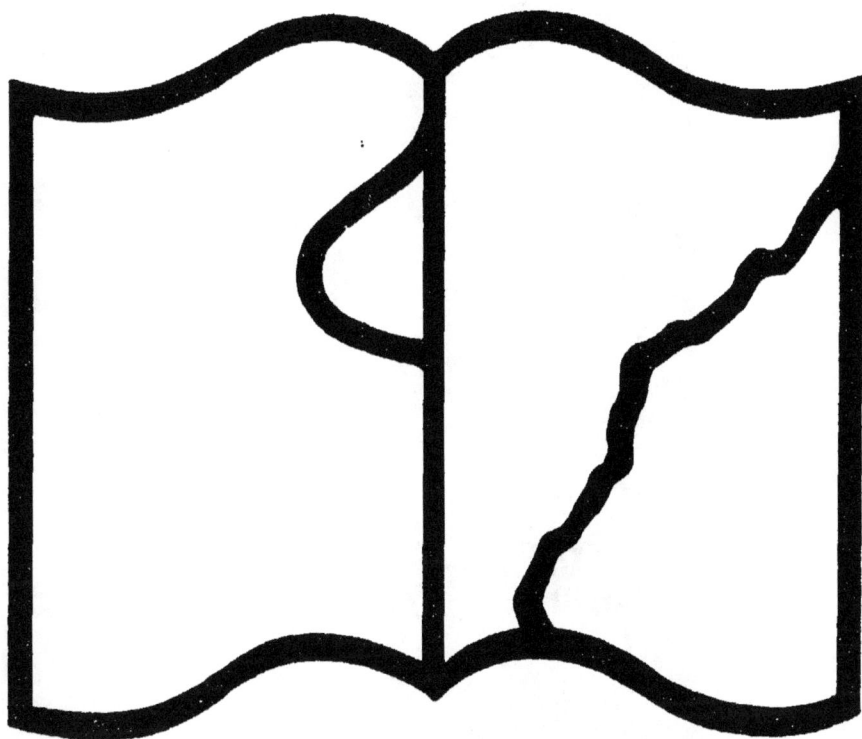

**Symbole applicable
pour tout, ou partie
des documents microfilmés**

Texte détérioré — reliure défectueuse

NF Z 43-120-11

R

37843

LE VRAI
ET LE FAUX SOCIALISME.

—

LE COMMUNISME
ET SON HISTOIRE.

LE VRAI
ET LE FAUX SOCIALISME.

—

LE COMMUNISME
ET SON HISTOIRE

PAR ALPH. GRÜN

AVOCAT

RÉDACTEUR EN CHEF DU MONITEUR UNIVERSEL.

PARIS
CHEZ GUILLAUMIN, LIBRAIRE,
Rue Richelieu, 14.

—

1849

LE VRAI

ET LE FAUX SOCIALISME.

LE COMMUNISME

ET SON HISTOIRE [1].

Communisme, socialisme, voilà des mots qui ont fait bien du chemin et qui ont eu une étrange fortune ; ils appartenaient à la langue de la science, ils appartiennent aujourd'hui au vocabulaire politique ; de la sphère calme des idées, ils sont descendus dans l'arène bruyante des partis ; on les discutait, on s'en effraye; on s'en servait comme d'arguments, on les emploie comme injures : c'étaient des doctrines, ce sont des armes.

Les choses n'en sont pas venues là en un jour. On a longtemps vécu avec le socialisme sans s'en inquiéter le moins du monde ; on a même, de tous côtés, travaillé à

---

[1] Cet opuscule, composé des articles insérés dans le *Moniteur* des 5, 8, 14, 19 mars et 7 avril 1849, a été écrit à l'occasion du livre de M. Alfred Sudre, intitulé : *Histoire du communisme, ou réfutation historique des utopies socialistes.*

ses progrès, sans le vouloir, il est vrai, sans le savoir, peut-être.

Cette histoire mérite d'être rappelée.

Il y a eu de tout temps des penseurs, des rêveurs, si on aime mieux ce nom, qui ont voulu réformer la société, renverser ses fondements pour la relever sur de nouvelles bases ; j'en parlerai plus tard. En ce moment, pour expliquer le présent, il suffit de remonter aux dernières années de la restauration.

Le plus radical, le plus excentrique des réformateurs modernes, Charles Fourier, avait complété, en 1822, par son *Traité de l'association domestique agricole*, le système fondé dans sa *Théorie des quatre mouvements*; il vivait obscur, repoussé par les savants, ridicule aux yeux du monde, réfugié dans la contemplation de son idée, maître vénéré de quelques disciples convaincus. Personne ne s'émut des ouvrages que Fourier publia en 1829 : on ne se tourmenta pas davantage de la propagande tentée par le *Phalanstère*, des conférences ouvertes à Paris par le philosophe, ni des prédications de ses élèves dans la province. Les écrits successifs des adeptes, surtout de M. Considérant, la création de la *Phalange*, les essais malheureux de réalisation d'un phalanstère, laissèrent le public dans une indifférence dont il ne sortait que par l'ironie. Au milieu des travaux de son école, Fourier mourut sans bruit. Sa doctrine a été continuée par M. Considérant; on peut douter qu'elle ait fait de grands progrès depuis que son organe quotidien, la *Démocratie pacifique*, s'est mêlé à toutes les agitations de la politique.

Un autre novateur, Saint-Simon, était mort, en 1825, dans la pauvreté et l'obscurité, après avoir publié son dernier ouvrage, *le Nouveau christianisme*, et en préparant la publication du journal *le Producteur*, qui fut rédigé par ses disciples et vécut peu. On se rappelle le retentissement bruyant de la prédication saint-simonienne, l'espèce de fascination qui entraîna de jeunes esprits enthousiastes, le schisme qui se déclara au sein de la petite église, les scandales, les procès, les démonstrations théâtrales, enfin la dispersion du saint-simonisme au milieu d'un éclat de rire. Ce qu'il y avait de sérieux dans la doctrine n'inquiéta pas longtemps, parce que la forme prêtait au ridicule plus encore que le fond à la réfutation. Le saint-simonisme n'a plus été qu'une opinion philosophique, sans aucune action extérieure apparente.

Le mouvement donné aux idées par les théories de Saint-Simon et de Fourier, quelques-unes de leurs formules économiques, la crise commerciale qui suivit la révolution de 1830, les chômages industriels de France et d'Angleterre, appelèrent l'attention sur les conditions du travail et sur la situation des travailleurs ; on ne se borna pas à décrire, en les exagérant, les misères de l'ouvrier : on s'en prit à la société de tout le mal qu'elle ne pouvait empêcher, et on commença à l'attaquer dans son organisation entière. Ce fut d'abord une affaire de livres ; les gens qui ne se troublent qu'à la vue des désordres matériels, et c'est le plus grand nombre, ne prirent pas grand souci de ce qui ne leur parut qu'une guerre de plume.

La statistique accumula des chiffres accusateurs ; M. Parent-Duchatelet détailla une à une toutes les hontes de la prostitution ; un autre fit le compte des classes dangereuses qui infestent Paris ; M. Eugène Buret traça un lamentable tableau *De la misère des classes laborieuses en France et en Angleterre :* mû par d'honorables convictions philanthropiques, il força les couleurs, comme l'ont fait souvent, sous l'impulsion du zèle religieux, les membres des commissions parlementaires et les témoins des enquêtes instituées chez nos voisins pour l'examen de tout ce qui touche au paupérisme. M. Léon Faucher sut se défendre de cette exagération dans ses belles *Etudes sur l'Angleterre* : le mal est bien assez grand sans qu'on le grossisse en le dépeignant.

Les théoriciens n'ont pas plus manqué que les statisticiens. M. Cabet, dans l'exil auquel l'avait envoyé une condamnation politique, avait étudié et goûté les théories d'Owen ; à son retour, il avait introduit en France les sociétés coopératives. Après quelques années consacrées aux affaires publiques, il reprit ses travaux de socialiste ; il exposa son système dans une sorte d'utopie qu'il intitula *Voyage en Icarie.*

M. Pierre Leroux, par son ouvrage *l'Humanité,* et par d'autres écrits, développa une doctrine humanitaire, difficile à caractériser, et que l'obscurité scientifique de la forme empêcha de devenir populaire.

M. Proudhon, en 1840, posa cette question : *Qu'est-ce que la propriété ?* Malgré l'audace de sa réponse, on était si peu effrayé des controverses qu'on croyait renfermées à jamais dans le cercle paisible des livres, qu'un académicien fit, sur ce travail si hostile aux idées reçues, un rapport presque complaisant. M. Proudhon publia, l'année suivante, un nouveau pamphlet économique, où il s'annonça comme l'ennemi juré de la propriété. Il a tenu parole.

C'est à partir de la même époque que les adversaires démocrates du gouvernement de juillet, ayant vu échouer les tentatives d'insurrection appuyées sur l'idée républicaine seule, employèrent le communisme comme instrument d'attaque préparé contre la royauté. A cette transformation se rattachent les coalitions, les grèves, les agitations d'ouvriers, dont le pouvoir et le public ne s'occupèrent que dans une vue de répression momentanée ; les publications incessantes de journaux, brochures, écrits communistes. Alors aussi parut le livre de M. Louis Blanc, sur l'*Organisation du travail,* attaque vigoureuse contre la constitution économique du pays, comme son *Histoire de dix ans* avait été un coup violent contre la monarchie de 1830.

Ce n'est pas tout ; les romanciers trouvèrent des sources d'émotions dans les chiffres de la statistique, dans les arguments des philosophes et des économistes nouveaux. De là ces longues fictions où l'on voyait toujours l'individu victime des torts de la société, où toutes les institutions sociales étaient prises à partie, où le pauvre avait toutes les vertus et le riche tous les vices, où les puissants étaient toujours infâmes et les faibles héroïques. Ces heureuses combinaisons se faisaient applaudir aussi au théâtre ; il existait pourtant alors une censure dramatique : à quoi ser-

vait-elle? Les livres ne suffisaient plus à ce besoin qu'é-
prouvait la société de se calomnier elle-même; le roman
antisocial s'installa dans le feuilleton des journaux; il y
régna en maître absolu. Tel était l'entraînement des esprits,
que les feuilles les plus conservatrices se disputaient les
ouvrages les plus acharnés contre l'ordre social. Il n'y
eut que de rares exceptions. S'il était permis d'invoquer
un fait personnel, je dirais que je regarde comme un titre
d'honneur d'avoir repoussé de funestes innovations, malgré des excitations et des demandes venues de haut, et
d'avoir donné à la partie littéraire du *Moniteur* un caractère d'autant plus sérieux, qu'ailleurs la littérature devenait plus futile et moins morale.

Le mal produit par les romans en volumes et en
feuilletons a été plus grand qu'on ne pense; ils ont per-
verti en haut comme en bas. Les classes qui possédaient
la richesse, le pouvoir, l'influence, ne pouvaient être ten-
tées ni de se reconnaître dans de hideux portraits de fan-
taisie, ni de s'indigner contre un ordre social dont elles
recueillaient les avantages. Pour les salons, ces tableaux
de misère et de corruption n'étaient que des peintures
émouvantes; les caractères faux, mais exceptionnels,
énergiques, exaltaient l'imagination, sans tirer à consé-
quence; les mœurs des bagnes, des bouges les plus dé-
goûtants, étalées dans les boudoirs, y excitaient une cu-
riosité fiévreuse, sans danger d'imitation. Mais l'action
morale de ces lectures, pour n'être pas immédiate, n'en
était pas moins pernicieuse. On s'accoutumait à isoler
l'émotion de la moralité; on voyait le beau dans le développement effréné des passions : la limite du bien et du
mal devenait indécise et menaçait de s'effacer. Aussi
a-t-on vu, coup sur coup, des actions viles et des crimes
épouvantables sortir des rangs élevés de la société, et
fournir des prétextes aux accusations sans cesse répétées
contre les riches et les puissants.

Parmi ceux qui souffrent et à qui le travail ne donne
pas toujours le pain quotidien, les romans socialistes,
propagés à l'infini par le feuilleton, causaient d'ef-
frayants ravages. Là on ne tourne pas nonchalamment

et en souriant la page incendiaire ; on prend les choses à la lettre ; on se gonfle d'orgueil, on s'enflamme
d'envie ; on s'emporte contre une société où l'on croit voir
toujours le vice opulent et la vertu indigente : on lui
garde d'affreuses rancunes, et l'on appelle de tous ses
vœux un ordre social où les jouissances seraient répar-
ties d'une manière moins inique ! Voilà ce qui grondait
sourdement au fond des instincts populaires, en présence
des périlleuses fictions qui amusaient les honnêtes bourgeois, les belles dames et les élégants cavaliers.

Le gouvernement lui-même (on peut le dire ici, car ce
n'est pas de la récrimination, mais de l'histoire) avait
sa part dans l'imprévoyance générale ; il ne faisait rien
pour arrêter les écarts littéraires, rien pour conjurer les
effets des mauvais livres qui travaillaient le peuple. Les
avertissements ne lui ont pas été épargnés ; on lui si-
gnalait les mouvements mutuellistes, les communications
établies entre les communistes de France et de l'étranger,
la direction donnée à l'esprit des ouvriers, les progrès des
doctrines antisociales. Les avis de l'intelligence prévoyant
rencontraient l'indifférence ou l'incrédulité ; n'avait-on
pas une majorité parlementaire certaine, une armée fidèle ?

On s'endormait dans l'optimisme ; on s'est réveillé au
bruit du tocsin de février. On a vu alors la portée de ce qu'on
avait traité avec tant de légèreté ou d'insouciance. Les idées
socialistes avaient armé une partie des combattants ; elles
entrèrent au pouvoir avec plusieurs membres du Gouvernement provisoire ; elles inspirèrent un des premiers actes de l'autorité ; elles furent exposées avec une brillante
éloquence au Luxembourg ; elles furent représentées à la
tribune nationale par MM. Louis Blanc, Pierre Leroux,
Considérant, Proudhon ; elles y défendirent le principe du
droit au travail ; on leur attribua la création des ateliers
nationaux et les désastres qui en furent la suite.

En présence d'une telle puissance, la frayeur saisit ceux
qui n'avaient rien compris ni rien prévu. D'un excès de
sécurité on tomba dans un excès d'épouvante. Les mêmes
personnes qui haussaient les épaules il y a deux ou trois
ans quand on leur parlait de socialisme, voient maintenant

le socialisme partout : elles le chargent de toutes les fautes du passé, de tous les malheurs du présent, de toutes les menaces de l'avenir.

Voilà comment il est arrivé, ainsi que je le disais en commençant, que les idées représentées par les mots de socialisme, de communisme, ont quitté le terrain de la spéculation philosophique pour arriver, à travers une aveugle indifférence, à jouer un rôle immense dans les justes préoccupations de l'opinion publique.

Les esprits sérieux, les hommes qui voient quand d'autres n'aperçoivent encore rien, qui regardent froidement quand d'autres tremblent, ceux-là cherchent à bien connaître la vérité des choses; ils demandent aux mots les idées qu'ils renferment; ils veulent savoir au juste ce que le socialisme et le communisme sont, ce qu'ils ont été, ce qu'ils peuvent être.

Et d'abord, quel est le sens du mot *socialisme* ?

On a sans cesse ce mot à la bouche ou sous la plume, et il n'y en a guère sur lesquels le monde et la science s'entendent moins.

Chaque jour on qualifie *socialiste* quiconque désire quelque réforme, indique quelque changement possible, demande une innovation d'économie politique, s'occupe du sort des travailleurs. L'expression est alors une appellation de parti, aussi généralisée, aussi peu bienveillante que l'étaient, dans d'autres temps, celles d'*aristocrates*, d'*idéologues*, de *libéraux*.

M. Louis Reybaud, qui a fait un livre spécial sur le socialisme, appelle socialistes (*Etudes sur les réformateurs ou socialistes modernes*, tome II, chap. 1er) tous les écrivains qui sapent la société dans sa base, et qui ont la prétention d'en élever une autre, tout d'une pièce, sur les ruines qu'ils voudraient faire ; il y comprend les philosophes, les utopistes, les économistes, les statisticiens, les romanciers qui ont consacré leurs efforts à prouver que tout est mal dans l'ordre social ou économique actuel; il enferme même dans son cercle de socialistes Jérémie Bentham, cet esprit si positif, qu'on s'étonne à bon droit de trouver parmi les rêveurs. Des réclamations ne pouvaient pas manquer de s'élever contre cette classification du célèbre utilitaire : elles ont eu pour principal organe M. Charles Dunoyer (*Rapport à l'Académie des sciences morales et politiques*, Compte rendu, tome III, p. 426).

Entendu dans cette large et naturelle acception, le socialisme embrasse également les théoriciens et les hommes pratiques, ceux qui pensent et ceux qui agissent. Des rêves socialistes comme l'*Utopie* de Thomas Morus, la Salente de Fénelon, la paix perpétuelle de l'abbé de Saint-Pierre, n'ont rien d'inquiétant ni de dangereux. Les systèmes les plus bizarres qui tentent de passer de l'imagination de leurs auteurs dans le domaine de l'expérience, ne présentent non plus aucun vrai péril social, s'ils se livrent à l'essai par des voies pacifiques, sans désordres, sans violence. Ainsi nous avons vu et nous voyons à l'œuvre les plans de plusieurs hardis réformateurs. Le saint-simonisme, se trouvant à l'étroit dans les limites d'une doctrine économique, a voulu devenir une religion, une institution : il a échoué. Le fouriérisme a essayé, sans plus de succès, l'établissement durable et l'extension de ses phalanstères ; l'expérience du communisme icarien se poursuit en ce moment avec des chances qui paraissent bien douteuses ; enfin M. Proudhon résume tout ce que ses idées ont, pour lui, de praticable, dans la banque du peuple, qu'il tâche d'organiser, et il consent à être définitivement jugé d'après la réussite ou l'échec de cette entreprise. C'est là, c'est à la pratique qu'il faut attendre les novateurs ; les expériences auxquelles ils se soumettent sont les meilleurs jugements : loin de redouter, il faut désirer ces contrôles suprêmes des théories par les faits.

Quant aux socialistes qui veulent s'imposer par la force, la société qu'ils attaquent ne leur doit que le châtiment de leur révolte. Au surplus, quand, par hasard, une réforme qui n'a pas l'assentiment d'un pays, parvient à s'établir par la force, son triomphe n'est qu'éphémère ; voyez Munzer et Jean de Leyde.

M. Thiers (*De la propriété*, livre III, chap. 1er) donne un sens restreint au mot *socialisme*. Il l'applique à des idées qu'il regarde comme des attaques détournées contre la propriété; les socialistes, suivant lui, sont ceux qui demandent l'association entre ouvriers, le système de réciprocité ou les banques d'échange, et le droit au travail. Cette analyse des éléments socialistes paraît incomplète et peu rigoureuse. Le droit au travail, par exemple, appartient au communisme, auquel il conduit inévitablement; aussi M. Proudhon, qui s'y connaît, disait-il ce mot, souvent répété et digne de l'être : « Si vous me passez le droit au travail, je vous cède le droit de propriété. » Ce droit n'est pas, d'ailleurs, l'œuvre des socialistes contemporains, comme M. Thiers les entend : la formule provient de l'école fouriériste, et M. Considérant en a revendiqué pour elle la propriété. (Voyez M. Joseph Garnier, *le Droit au travail*, Introduction, page 21.)

Qu'il me soit permis, à mon tour, de présenter une autre définition du socialisme, une autre division des socialistes.

J'appelle socialistes tous ceux qui, par leurs doctrines ou par leurs actes, tendent à bouleverser, changer, modifier l'organisation, les relations ou les mœurs sociales; en ce sens, le communisme est une variété, la plus importante, du socialisme.

On voit, par la définition même, qu'il y a socialistes et socialistes; les uns rêvent innocemment une perfection sociale chimérique; d'autres poursuivent la destruction radicale de la société, et sa réédification de fond en comble d'après des plans préconçus; d'autres veulent des réformes également radicales, mais partielles; d'autres enfin cherchent seulement à introduire dans l'état social, des améliorations réelles et praticables.

Tous les systèmes socialistes demandent, aujourd'hui plus que jamais, à être sérieusement étudiés. Il faut se garder du prosélytisme qui repousse toute critique, et du dédain qui rejette tout examen. Il y a des parcelles de vérité dans les grandes erreurs; on trouve de l'or dans la fange. Les réformateurs absolus ne permettent pas qu'on retranche rien à leur œuvre; ils coulent la société d'un seul jet dans le moule de leurs idées; c'est à prendre ou à laisser. La critique n'admet point ces prétentions ; son devoir est de démêler le vrai du faux, comme le devoir de l'homme d'Etat est de séparer le dangereux de l'utile, et de faire profiter le pays des bonnes choses, quelle que soit leur origine. C'est en s'élevant à ce point de vue que M. Guizot reconnaît, dans sa brochure récente sur la démocratie, que les doctrines socialistes ont leur place dans le grand mouvement de l'humanité et de la civilisation.

Le bon socialiste n'est ni celui qui rêve, ni celui qui renverse, ni celui qui violente ; c'est celui qui cherche constamment le vrai progrès, qui respecte l'état social amené par les siècles, qui ne s'occupe que d'en développer les avantages et d'en diminuer les inconvénients. Celui-là ne prend pas tout changement pour une amélioration, ni tout mouvement pour un progrès ; il sait qu'on peut marcher à reculons, et qu'on n'est pas toujours mieux, par cela seul qu'on est autrement Le socialiste, c'est Vauban, traçant un système d'impôts destiné à soulager l'épouvantable misère du peuple, écrasé par le ruineux despotisme de Louis XIV ; c'est Napoléon, consacrant les conquêtes démocratiques de la révolution par le Code civil ; c'est sir Robert Peel ajoutant aux réformes politiques, les plus larges réformes financières et commerciales.

Le socialisme vrai, celui de tous les esprits éclairés, de tous les cœurs généreux, se dévoue à l'étude, à la réalisation des améliorations véritables ; son but est légitime comme ses moyens ; il n'effraye personne et rend service à tout le monde ; il a droit d'exiger qu'on ne le confonde pas avec les déclamations anarchiques et vides, avec les menaces révolutionnaires, avec les doctrines hideusement subversives qui usurpent le même nom et attirent sur le mot de socialisme la juste réprobation du bon sens public.

Sortons des généralités. Quelle est, parmi nous, la nature d'améliorations qui doit le plus exciter la sollicitude du socialisme honnête et bienfaisant ?

Les institutions politiques ? Nous les avons si souvent remaniées, que le plus pressant besoin de la nation est d'en assurer la stabilité. D'ailleurs, avec la forme républicaine et le suffrage universel, aucun obstacle ne s'oppose aux perfectionnements.

Les institutions administratives? L'ensemble en est bon; si l'on y touche, que ce soit pour les simplifier, non pour les affaiblir, et qu'on n'y porte la main qu'avec une extrême discrétion.

Quant aux situations sociales, on doit naturellement s'occuper de préférence des parties de la nation qui ont le moins profité des évolutions précédentes de notre civilisation, de celles dont le sort appelle les plus urgents soulagements. La bourgeoisie a tout gagné à la révolution de 1789; les priviléges qui la séparaient de la noblesse sont tombés; elle a conquis l'égalité politique; elle est parvenue à tous les emplois; elle participe au bienfait de la loi des successions et des partages, et à ses conséquences sur la division des propriétés. Par la suppression de la féodalité, par la vente des biens nationaux, par l'effet des nouvelles lois civiles, le paysan aussi a largement profité de la révolution; le nombre des propriétaires ruraux s'est prodigieusement accru, et la condition des paysans s'est améliorée.

L'ouvrier industriel a-t-il été aussi heureux? N'est-ce pas sa position qui sollicite le plus d'intérêt et demande le plus d'assistance? Sans doute, l'ouvrier de la campagne a quelquefois des travaux plus rudes; sa tâche le retient depuis le lever jusqu'au coucher du soleil: mais sa fatigue n'est pas la même dans toutes les saisons; sa vie matérielle est facile; il trouve aisément le pain pour se nourrir, un toit pour s'abriter; il vit dans un air généralement sain; il a peu d'occasions de dérangement, peu d'excitations au vice. Les ouvriers industriels, le plus souvent renfermés dans les villes, sont entassés dans des logements étroits, très-fréquemment insalubres, surtout dans les départements du nord, ainsi que l'a fait connaître avec d'affligeants détails un rapport récent de M. Blanqui à l'Académie des sciences morales et politiques: ils payent leur réduit à des prix qu'ils sont loin de pouvoir toujours acquitter; les subsistances sont d'une grande cherté ; les tentations et les moyens de débauche se présentent à eux à chaque instant : les salaires n'augmentent pas en proportion des besoins ; la production, dans ses moments d'activité, exige quelquefois des efforts abusifs qui épuisent les forces ; les chômages de l'industrie, quand ils se prolongent, laissent l'ouvrier sans ressource, et la concurrence, les innovations, les déplacements de fabrication, les crises commerciales ou politiques, amènent aussi la suspension du travail.

Les misères de l'ouvrier des villes sont donc plus fréquentes et plus profondes que celles de l'ouvrier des campagnes.

Il ne faut ni se dissimuler ni exagérer le mal ; le rôle du vrai socialisme est de le constater tel qu'il est, d'en chercher les causes afin d'en trouver le remède.

Un mot sur ces trois éléments de la question. Il est incontestable, on l'a prouvé dans les livres et à la tribune, que, dans un grand nombre d'industries, les salaires ont augmenté, et que la condition générale des ouvriers s'est améliorée. (Voyez M. Villermé, *Tableau de l'état physique et moral des ouvriers* ; M. Charles Dunoyer, *De la liberté du travail*, tome Ier, page 417 ; M. Thiers, *De la propriété*.) Il n'est pas moins avéré que, dans d'autres industries, le salaire est resté stationnaire, tandis que le prix des vivres et des objets de première nécessité s'est élevé ; il est certain que, dans les classes laborieuses, il existe de grandes souffrances : il suffit pour s'en convaincre de regarder autour de soi. Et cela ne date pas d'aujourd'hui ; ce n'est pas à la République qu'il en faut demander compte : lisez les enquêtes, les statistiques impartiales des crises industrielles, vous y verrez toujours les mêmes faits dans leur triste vérité. Depuis un siècle, surtout depuis la révolution de 1789, la masse des misères a certainement diminué ; mais le progrès n'a pas pu déraciner le mal, qui ne disparaîtra jamais entièrement ; il y aura toujours ici-bas, pour tout le monde, des douleurs morales et des misères matérielles. La vie est une rude épreuve.

Les souffrances de l'ouvrier industriel ont deux causes

principales : les fautes des travailleurs eux-mêmes, le grand changement social survenu en 1789.

On a flatté les ouvriers après les avoir dénigrés. La meilleure preuve d'estime et de sympathie qu'on puisse leur donner, c'est de leur dire la vérité. Comme toutes les classes de citoyens, les ouvriers ont leurs défauts, qui n'atteignent pas également ni au même degré tous les individus, mais qui sont ceux de la généralité. On remarque, dans les rangs de ce qu'on appelait jadis l'aristocratie, de l'insolence et de l'ostentation ; parmi les bourgeois propriétaires, une tendance à l'égoïsme ; parmi les commerçants, quelque chose qui ressemble à de la cupidité peu scrupuleuse ; chez l'ouvrier, le défaut d'ordre, de prévoyance et de subordination. Ces défauts, si on les indique, ce n'est pas pour les reprocher, mais pour en signaler les écueils : ils ont été exposés avec autant de franchise que de bienveillance par l'auteur du *Livre de l'ouvrier*, M. Egron, qui reconnaît, dans son impartiale justice, le bien et le mal, et qui a conquis par son expérience le droit de tout dire en ami à ceux dont il avait partagé les travaux. En général, le tort des ouvriers industriels, qui ont d'ailleurs tant d'énergie et de dévouement, est de ne pas bien administrer ce qu'ils gagnent, de ne pas penser au lendemain, de ne pas économiser sur les produits des temps heureux pour pourvoir aux mauvais jours de la maladie, des chômages, de la vieillesse, de se laisser entraîner aux dépenses des cabarets, aux jouissances coûteuses et aux dépravations que leur offre le séjour des grandes villes, enfin de prendre trop promptement des résolutions violentes, comme les grèves, l'empêchement brutal du travail d'autrui, la prétention d'imposer de force des conditions qui ne devraient être débattues que d'un commun accord et d'après les possibilités réelles de la production. La première réforme à faire, par l'ouvrier lui-même, est donc celle de ses mauvaises habitudes ; sans celle-là toutes les autres sont inutiles.

En second lieu, le changement radical introduit, par la révolution de 1789, dans l'organisation séculaire des professions industrielles, a ouvert une énorme lacune qui n'est pas encore comblée. Autrefois toutes les industries étaient réglementées : elles formaient des corporations qui, ayant le droit d'exclure et d'admettre, possédaient de véritables priviléges. Toutes les corporations politiques, religieuses, industrielles, furent supprimées par la révolution : la liberté absolue remplaça le régime privilégié ; il n'y eut plus de corporation légale : il ne resta que des individus ; chacun devint l'arbitre de sa vocation, et ne dut demander des moyens d'existence qu'à ses efforts personnels. La loi du 2-17 mars 1791 ne soumit l'exercice des professions qu'aux règlements de police qui seraient faits par l'autorité. M. Charles Dunoyer, *De la liberté du travail*, liv. **IV**, chap. **7**, dit que le système de liberté fut bientôt détruit par la Convention et par l'Empire. Cet économiste fait confusion entre la centralisation politique et administrative et l'individualisme social, proclamé depuis 1789 : il est très-vrai que les lois ont restreint, monopolisé même, dans certains cas, différentes professions ou fonctions, l'enseignement, le ministère ecclésiastique, les travaux publics, les postes, les tabacs, les poudres, le commerce de la boucherie et de la boulangerie, les fonctions d'agents de change, d'avoués, notaires, et quelques autres. Mais, de ce que quelques industries ont été traitées et réglementées comme des services publics, s'ensuit-il que hors ces exceptions, rares et variables, la condition essentielle, caractéristique des masses ouvrières, ait été changée ? Le travail n'est-il pas, pour l'ouvrier industriel, une œuvre libre, où il entre et dont il sort à sa volonté ? Sauf les situations exceptionnelles où il est un employé d'une administration publique, l'ouvrier, comme l'artiste, comme le commerçant, comme l'homme de lettres, reste entièrement livré à lui-même, maître de sa destinée, mais obligé d'y pourvoir par ses propres forces. Eh bien, cet état d'isolement est insuffisant pour des hommes qui n'ont ni le loisir d'acquérir beaucoup d'instruction, ni la ressource d'un pécule transmis, ni la sécurité d'un avenir même laborieux.

La liberté industrielle, c'est l'individualisme pour l'ou-

vrier, la concurrence pour le producteur ; ces deux conséquences ont des inconvénients ; s'ensuit-il que le principe soit mauvais ? Non, mille fois non ; la liberté est la
condition de l'activité humaine, la plus forte garantie du
travail, le meilleur contre-poids, le plus sûr contrôle de la
concurrence. Mais ne soyons pas absolus comme les pré-
tendus réformateurs de notre ordre social ; ne nions pas
que l'ouvrier ait besoin de trouver au dehors de lui un
soutien contre son isolement ; n'appelons pas libre concurrence l'écrasement des petites industries par les formi-
dables établissements des grands capitaux. La liberté ne
peut pas, ne doit pas détruire les inégalités ; mais ces
inégalités sont accompagnees de souffrances, et ce sont
ces souffrances que le vrai socialisme a pour mission de
soulager.

Que faut-il donc faire ? Nous ne plaçons pas en avant de
cette question celle-ci : Y a-t-il quelque chose à faire ?
Reconnaltre un mal, et dire qu'il ne peut pas exister de
remède, ce serait blasphémer ; ce serait tomber, par
égoïsme ou par ignorance, dans un fatalisme social digne
du fatalisme religieux, qui refuse le médecin parce que
Dieu a permis la maladie. Entre l'utopie et l'immobilité,
il y a un champ immense, celui de la civilisation progres-
sive ; chaque époque en défriche une partie.

Les novateurs radicaux ne sont nullement embarrassés ;
ils attribuent tout le mal à la liberté et à la concurrence,
ils en font des peintures qui soulèvent l'horreur ; ils effa-
cent d'un trait de plume toute la révolution de 1789, ils
rejettent son principe industriel : arrière la liberté, arrière
la concurrence! Ils y substituent des réglementations
bien autrement despotiques que celles des anciennes corporations. Le travail sera organisé, c'est-à-dire que les
ouvriers seront enrégimentés dans des ateliers de l'Etat ;
le salaire, suivant les uns, sera égal pour tous, selon
d'autres, proportionné à la capacité ou aux besoins ; des
supérieurs hiérarchiques, différents selon les systèmes,
fixeront les rétributions ; le capital sera fourni par l'Etat,
c'est-à-dire par les citoyens non ouvriers ; la concurrence
sera empêchée par la fixation des salaires et du prix des

marchandises. Toutes ces combinaisons tuent la liberté, font de l'ouvrier une machine, et de l'industrie une caserne ou un couvent. Ce retour au moyen âge serait la mort du travail, en même temps que l'anéantissement de l'émulation, de l'activité, de la dignité humaine. Les sophismes de cette économie politique antisociale ont été victorieusement réfutés par la science et par l'expérience.

D'autres ont dit : L'ouvrier ne sortira de sa position malheureuse que par l'association ; et ils ont voulu imposer l'association entre le capital et le travail, c'est-à-dire qu'ils prennent à l'un pour donner à l'autre : que pour rendre l'ouvrier propriétaire, ils commencent par lui donner l'exemple de la spoliation de la propriété. Sous quelque forme qu'elle se déguise, la doctrine de l'association forcée est une iniquité ; elle ne devait pas réussir, elle n'a pas réussi. Quant à l'association volontaire, j'en parlerai plus loin.

Encore une fois, que peut-on faire ? La réponse n'est pas dans un système ; elle est dans le bon vouloir et les efforts communs du Gouvernement et des citoyens, des patrons et des ouvriers.

D'abord, une manière indirecte et puissante de faire le bien des travailleurs, c'est d'assurer la protection et le développement du travail : ceci concerne la législation et le Gouvernement. A cet ordre de mesures se rattachent l'établissement et l'entretien des routes, des chemins, des canaux, des chemins de fer, qui activent les communications et rendent les objets moins chers par la facilité des transports ; l'adoucissement des droits de douanes en proportion des progrès faits par les industries protégées ; la création d'institutions destinées, comme dans plusieurs pays étrangers, à diriger, surveiller et provoquer les opérations du commerce extérieur, et mettre en harmonie les débouchés avec la production ; la révision périodique des lois sur les céréales, et celle des lois relatives à l'introduction des bestiaux étrangers et aux octrois ; la répression des fraudes dans les expéditions de marchandises exportées, fraudes qui rejaillissent d'une manière funeste sur les produits de nos manufactures ; la colonisation, l'institution de fréquentes enquêtes commerciales et industrielles, qui éclairent les fabricants et les négociants ; la création de bureaux de renseignement et de placement qui mettent en présence l'offre et la demande de travail ; l'organisation équitable de nombreux conseils de prud'hommes.

Outre cette action indirecte, la loi et le Gouvernement peuvent intervenir directement, à l'avantage des parties malheureuses de la population, par des combinaisons financières qui permettent d'exonérer autant que possible de l'impôt les choses de première nécessité, par de bonnes dispositions sur l'apprentissage, par le développement et l'organisation pratique de nos écoles élémentaires, en imitant ce que les pays étrangers nous offrent d'utile pour la préparation des enfants à un enseignement agricole et professionnel, et en donnant, ne fût-ce que comme contre-poids aux erreurs fatales qui se répandent par toutes les voies, des notions sur l'économie politique. M. Blanqui, dans un rapport à l'Institut, vient de signaler ce fait, que l'enseignement économique, à tous les degrés, compte en Angleterre quatre mille interprètes ; en France, il n'en a pas un seul hors de Paris.

Le pouvoir réglementaire du Gouvernement s'exerce sur certaines institutions de prévoyance qui ne sauraient se passer de sa protection, et qui ont une grande influence sur le sort des ouvriers ; telles sont les caisses d'épargne, les monts-de-piété, les établissements d'assistance publique. Le remarquable rapport de M. Athanase Coquerel sur toutes les parties de l'assistance publique fait très-bien la part du Gouvernement et celle des particuliers. (Voir le *Moniteur* du 6 mars 1849.)

Dans les questions de travail et d'association, les limites de l'intervention efficace et légitime de l'autorité ne sont pas toujours bien marquées ; les exigences des uns, les préjugés et les doctrines des autres ont commis et feraient volontiers encore commettre ce que l'on pourrait appeler des violations de territoire.

Posons les principes.

S'agit-il du travail lui-même, de ses instruments, de

ses conditions? les travailleurs et ceux avec qui ils traitent doivent être laissés à leur activité propre, à leur entière liberté.

Voici les conséquences : L'État ne doit point fournir le travail industriel ; par exception, dans les temps de calamité, durant les chômages accidentels, il peut créer momentanément des ateliers, des ouvroirs. Il ne doit pas davantage les instruments de travail ; c'est à l'ouvrier de les acquérir, soit par lui-même, soit par des avances que lui mériteraient sa moralité et sa capacité, soit par l'association. Enfin l'État n'a pas, non plus, à s'immiscer dans les conditions réglées pour le mode ou le prix du travail : l'expérience a prouvé les dangers et l'inutilité des tarifs imposés ; ils ont quelquefois coûté du sang et ont toujours dû être abandonnés. (Voir Théodore Fix, *Observations sur la situation des classes ouvrières*, 2e partie, chap. 2.)

Mais le Gouvernement peut et doit intervenir, soit pour empêcher légalement des violences, soit pour faire ce que M. Fix (2e partie, chap. 4) appelle avec raison *la police des manufactures*. La loi a réglementé le travail des enfants : la durée du travail des adultes est le résultat d'une convention libre ; mais, si la liberté des contrats doit être respectée, la personne de l'ouvrier doit être protégée, nonseulement dans son intérêt, mais dans celui de la conservation et de la force des hommes, en vue de la défense de la société. Sous le rapport de l'hygiène, le Gouvernement a le droit et le devoir de réglementer, dans une certaine mesure, la construction, la salubrité des ateliers, l'emploi des substances dangereuses, la promiscuité des sexes, la construction des maisons ou logements destinés aux ouvriers, qui a été, en Angleterre, pays de liberté industrielle, l'objet d'une loi spéciale, le *building act*. Le comité des travailleurs de l'Assemblée nationale a proposé, par l'organe de M. de Vogüé, rapporteur, des mesures analogues.

A la liste des règlements qui ont occupé ou qui pourraient appeler la sollicitude du Gouvernement, j'ajouterai celui qui aurait pour but d'éloigner les établissements industriels des grandes villes ; cette transformation, utile aux ouvriers, aux fabricants et à la sûreté publique, s'opère depuis quelques années à Lyon, en Alsace et dans quelques autres provinces : elle ne saurait être trop recommandée aux parties intéressées, trop facilitée par les mesures administratives.

Quant à l'association, c'est un des points les plus difficiles à régler, même à discuter théoriquement, parce qu'il touche en même temps à des doctrines absolues, à des intérêts menacés, à des besoins réels et à des illusions.

L'association, idée toute fraternelle, se présente naturellement comme un moyen de protection pour la faiblesse, comme un instrument de développement pour la puissance. Elle joue un grand rôle dans l'industrie comme dans la politique ; mais elle ne peut être bienfaisante qu'à la condition de respecter les éléments essentiels des objets auxquels elle s'applique. Ne parlons ici que de l'industrie ; distinguons, dans l'association, ce qu'il y a de chimérique et ce qu'il y a de réel ; séparons le secourable du subversif, l'utile de l'impossible.

Certains faits industriels présentent des caractères affligeants ; l'agglomération des capitaux dans une seule main et l'association de grands capitaux entre eux peuvent avoir pour effet de constituer, par leur irrésistible puissance, un monopole aussi exclusif que celui qui serait consacré par une patente du gouvernement. L'ouvrier, libre, en droit, de débattre, de rejeter les conditions de travail qu'on lui offre, n'est pas libre en fait quand les besoins de sa personne et de sa famille l'obligent de passer, sous peine de dénûment, par les volontés d'un entrepreneur riche et qui peut aisément remplacer les bras qui se refusent. Ces phénomènes, et d'autres de même nature, ont une gravité incontestable ; toutefois, ils ne sont pas sans atténuation : les grands établissements provoquent la concurrence en grand ; ils font vivre et suscitent une foule d'industries partielles ; s'ils abusent de leur position au préjudice des consommateurs, ils tombent pour faire place à des entreprises mieux combinées ; quant à la position du patron et de l'ouvrier au moment de contracter, il faut remarquer que, si le capital peut faire la loi quand le travail est rare, il est obligé de la recevoir quand le travail abonde.

Quoi qu'il en soit, il y a des esprits systématiques qui ne sont éclairés que par une face des questions ; certaines écoles prennent des accidents momentanés pour des conditions permanentes, et, afin de remédier au mal des circonstances, elles proposent de révolutionner radicalement les éléments fondamentaux de la production. Ainsi le capital, comme toute force, peut abuser de sa puissance ; au lieu de l'éclairer, de le guider, de le ramener dans les limites naturelles de son action, les théories absolues ont trouvé plus facile et plus simple de lui déclarer une guerre à mort. De là ces formules de l'exploitation de l'homme par l'homme, cet antagonisme acharné du capital et du travail, qui ont déjà causé tant de mal. Je n'accuse pas la bonne foi, les intentions des auteurs primitifs de ces malheureux systèmes, je ne fais que déplorer les résultats de l'erreur. Dans les mains de bien des gens, ces aphorismes sont devenus des armes de haine ; ils ont arrêté l'essor au lieu de favoriser le progrès. Le bon sens dit et l'expérience prouve que le capital et le travail ne peuvent pas se passer l'un de l'autre, et que ce qu'ils ont de mieux à faire, c'est de vivre ensemble en bonne intelligence (1).

Si on examine attentivement les éléments qui concourent à la production industrielle, on voit que la rétribution du travail est dans le salaire, et celle du capital dans les profits. En acceptant cette règle comme légitime (la place me manque pour la discuter), je pense que la séparation absolue que proclame la doctrine économique est trop rigoureuse pour être constamment équitable. Ce qui le démontre à mes yeux, c'est que les économistes et

_____

(1) L'antagonisme entre les deux éléments de la production forme la base d'un ouvrage, d'ailleurs très-distingué, de M. Dupont-White, *Essai sur les relations du travail avec le capital* ; l'idée fondamentale en a été très-bien réfutée par M. Joseph Garnier dans le *Journal des économistes*, t. XV, p. 41.

les industriels qui la maintiennent en principe, y cherchent eux-mêmes des tempéraments, et qu'en gardant le
droit de la liberté industrielle et l'indépendance du capital, ils sentent l'opportunité d'y introduire, sous une
forme ou sous une autre, le germe de l'association.

J'entre ici dans le fond de la question. Je n'examine
pas les combinaisons des ateliers nationaux, ni d'aucune
de ces associations générales faites, soit par l'Etat, soit
avec les fonds de l'Etat : les premières sont des révolu-
tions, les secondes constitueraient un privilége au profit
d'un certain nombre d'ouvriers subventionnés, au préjudice de tous ceux qui ne le seraient pas. C'est surtout contre
les associations forcées ou privilégiées que s'élève
M. Thiers (*De la propriété*, livre III). Le décret de
l'Assemblée nationale, qui a consacré trois millions à en-
courager les associations des ouvriers avec des patrons
ou entre eux, n'est pas, à vrai dire, une dérogation à ces
principes. On doit le considérer comme une mesure
transitoire, provoquant d'utiles essais, et portant remède
à des souffrances industrielles momentanées.

Arrêtons-nous aux associations tout à fait volontaires,
formées avec leurs propres capitaux. Ici nous nous trou-
vons entre une disposition sceptique, peu bienveillante,
qui aime à douter des résultats de l'association cherchée,
et l'illusion d'une espérance indéfinie, qui voit dans l'association, de plus en plus généralisée, le remède au mal
moral et matériel de l'industrie et des travailleurs. Erreur
de part et d'autre, l'une égoïste, l'autre généreuse ; elles
supposent ou l'impossibilité radicale ou la possibilité sans
limites. Le vrai est entre ces deux extrêmes.

La question ne saurait être résolue dans des termes gé-
néraux ; l'observation sérieuse, impartiale, des faits prouve
la nécessité de nombreuses distinctions. Parmi les économistes qui ont traité ce sujet sans esprit de système, avec
un sincère amour du bien, et en parfaite connaissance de
cause, celui qui me paraît avoir le mieux éclairci la dif-
ficulté, c'est M. Théodore Fix, mon regrettable compa-
triote, enlevé prématurément à la science (Voyez *Observations sur l'état des classes ouvrières*, p. 312). Depuis,

3

et tout récemment, a été publié aussi un excellent résumé de M. Villermé, qui l'a intitulé : *Des associations ouvrières.*

L'association dont il s'agit d'étendre les bienfaits se contracterait, soit entre les patrons et les ouvriers, soit entre les ouvriers seulement; elle interviendrait dans l'une ou l'autre des deux grandes branches de toute industrie, à savoir, l'industrie agricole et l'industrie manufacturière.

Les exploitations agricoles, entreprises, soit par les propriétaires eux-mêmes, soit par des fermiers, ne comportent guère l'association entre les maîtres et les journaliers et domestiques, qui sont les ouvriers de l'agriculture : le nombre immense de ces individus, qui forment une grande partie de la population générale de la France, l'impossibilité de compter avec ces multitudes, les différences de capacité, la qualité purement physique du travail de la plupart de ces ouvriers, la modicité des revenus de la terre, et les chances souvent malheureuses des cultures, sont les principales, non les seules raisons qui font généralement considérer l'association comme inapplicable dans cette situation (Voyez M. Thiers, *De la propriété,* livre III, chap. III; M. Fix, p. 331). Le métayage, consacré par le Code civil et par les usages d'une portion de la France, est bien une espèce d'association entre le propriétaire et le métayer ; mais entre celui-ci et les ouvriers qu'il emploie, il n'y a pas société.

Toutefois, indépendamment de l'association entre le propriétaire et le métayer dans les petites exploitations où celui-ci cultive lui-même, il existe dans des contrées sud-ouest de la France, des faits d'association agricole intéressants, qui viennent d'être décrits avec beaucoup de précision et de charme par M. Martegoute, dans le *Journal d'agriculture pratique,* numéro de janvier 1849, p. 15. Les réunions de plusieurs fermiers, pratiquées avec succès par les anabaptistes, certaines communautés, telles que celle des Jault, existant depuis plus de six siècles dans le Morvan, et dont M. Dupin a fait l'objet d'une notice spéciale extrêmement curieuse, enfin quel-

ques colonies agricoles prouvent qu'il ne faut pas regarder comme absolument incompatibles les idées d'association et d'agriculture.

Les exploitations industrielles proprement dites sont
de deux espèces ; les unes ont lieu dans de grandes manufactures, les autres par petits ateliers.

La grande industrie manufacturière admet difficilement
l'association complète entre le patron et ses ouvriers ; en
effet, une société suppose la participation aux chances :
l'ouvrier assuré de son salaire n'en court aucune; elles sont
toutes pour le fabricant, qui doit donc profiter du capital
qu'il aventure ; l'ouvrier souvent ne fournit qu'un travail
manuel, et la variété des aptitudes et des tâches rendrait
difficile la juste répartition des bénéfices; les comptes
à rendre à de nombreux ouvriers amèneraient des dissen-
sions, des troubles et des désordres dans la manufacture ;
d'ailleurs, la concurrence réduit excessivement les profits,
et l'expérience a montré que, dans la carrière industrielle,
la ruine est bien plus fréquente que la prospérité ; beaucoup d'ouvriers sont nomades et changent souvent de
patrons : comment régler les comptes, et combien d'em-
barras dans toutes ces liquidations partielles ! Enfin, si un
fabricant prend sur les profits pour ajouter au salaire, il
fera payer la marchandise plus cher : dès lors la concurrence pourra lui enlever ses avantages, et le bien que
l'ouvrier cherchait tournera contre lui. Tel est le résumé
des raisons et des faits qu'on a produits contre la prétention d'associer les ouvriers des manufactures à leurs patrons.

L'autorité de ces principes et de ces faits est incontestable. Mais elle ne va pas jusqu'à effacer l'équité des
réclamations élevées à la vue de l'extrême opulence des
grands établissements qui réussissent, et de l'extrême
misère ou de l'infériorité, durement maintenue, de leurs
ouvriers. Quoi qu'en dise la science, il n'est pas bon qu'un
mur infranchissable sépare toujours le salaire du capital ;
s'il est juste que le capitaliste profite de ce qui a été produit avec ce qu'il a avancé, payé, risqué, il serait inique
que l'ouvrier, sans lequel rien n'aurait été exécuté, ne

pût jamais rien obtenir au delà de son salaire. Les manu-
facturiers l'ont bien compris ; ils ont établi des primes
d'encouragement pour ceux qui font plus ou mieux,
comme les négociants intéressent des commis dans leurs
affaires ; c'est une part dans les bénéfices : ce n'est pas
une association, en ce sens que le patron est libre de l'ac-
corder, de la refuser, d'en régler les conditions, et que
jamais cette prime ne donne à l'ouvrier le droit d'exiger
que le patron l'initie au secret de ses opérations (1).

Le résultat, on le voit, est meilleur que celui d'une
vraie association, puisqu'il ne soumet l'ouvrier à aucune
chance de perte sur son salaire : c'est seulement la
prime, la haute paye qui, proportionnée aux bénéfices,
varie ou cesse quand il y a moins ou pas de bénéfices
réalisés. Les partisans de l'association forcée font cette
objection : l'avantage est illusoire, puisque le maître est
toujours libre de le refuser. L'objection a moins de force
qu'on ne pourrait le croire : d'abord la clause peut être
obligatoire si elle est stipulée dans l'engagement avec
l'ouvrier : ensuite, en supposant que le patron n'éprouve
pas un sentiment d'humanité, de fraternité pour les familles de travailleurs qui coopèrent à ses entreprises et
sont les artisans de sa fortune, son intérêt bien entendu
le portera à faire tout ce qui pourra contenter ses ouvriers, les rendre plus habiles, plus attachés à l'établissement.

M. Fix, qui insiste pour qu'on ne confonde pas le système des primes avec l'association, reconnaît que, « dans
une entreprise qui se fonde, on peut stipuler des conditions qui assurent des avantages particuliers aux ouvriers. » Il cite l'acte constitutif du chemin de fer d'Or-

---

(1) C'est ainsi qu'agit, depuis plusieurs années, M. Leclaire, entrepreneur de bâtiments, à Paris. Il donne des avantages à ceux de
ses ouvriers dont il a pu apprécier la capacité, la bonne conduite et
l'assiduité. Il déclare expressément que ce n'est pas une association
qu'il forme avec eux : il s'agit simplement de distribuer à ceux qui le
méritent, une part dans les bénéfices. Voy. M. Villermé, *des Associations ouvrières*, p. 43.

léans, qui fait participer tous les employés, dans certaines proportions, aux bénéfices de l'entreprise, en sus de leurs salaires. La compagnie du chemin de fer du Nord a adopté des mesures analogues. Des conditions de cette nature peuvent se demander surtout aux entreprises qui se forment, comme la plupart des grandes affaires, par l'association, non des personnes, mais des capitaux. L'organisation des sociétés anonymes se prête, à cet égard, à des stipulations très-avantageuses aux travailleurs. Je rencontre ici un souvenir personnel ; qu'on me pardonne d'en parler : il porte avec lui une idée qui peut être utile. En compagnie et d'après les indications de mon excellent ami M. A. Guibert, ancien agréé, qui joint un religieux amour de l'humanité à une expérience consommée des affaires commerciales, j'ai présenté au Gouvernement provisoire et au comité des travailleurs un projet de décret qui eût été d'une exécution facile et qui nous paraissait pouvoir amener des conséquences heureuses. Il consistait à exiger la forme de société anonyme pour toute association commerciale formée au capital de.... (le chiffre était à débattre) ; ceux qui auraient demandé l'autorisation prescrite par le Code de commerce se seraient soumis à un règlement d'administration publique fait, pour chaque société, par le conseil d'Etat, et qui aurait réglé, selon la nature et les besoins de la société, un prélèvement sur les bénéfices, destiné à fonder ou entretenir une école, un asile (s'il n'y en avait pas dans la commune), à améliorer les logements, à créer une caisse de secours, une maison de retraite, enfin à répartir une somme, s'il y avait lieu, entre les ouvriers. Une simple extension à une disposition de la loi commerciale suffisait à tout cela. Je sais que la société anonyme a des adversaires : mais je la crois trop utile pour qu'elle soit sérieusement menacée ; je sais que cette intervention de l'Etat dans les conventions privées déroge à la liberté des contrats : mais, d'une part, le règlement joint à l'autorisation devait être débattu et consenti ; d'un autre côté, il s'agissait de compagnies puissantes, et c'est aux forts qu'on peut faire des conditions ; enfin la liberté des contrats ne doit pas plus prétendre à être absolue que la liberté de la presse, des cultes, des réunions, que toutes les libertés sociales : elles rencontrent une limite quand il se présente devant elles un grand intérêt public, une grande nécessité. Notre projet de décret a été emporté, avec bien d'autres initiatives, par le tourbillon des événements politiques.

Pour les grandes manufactures, l'association entre ouvriers seulement est impraticable ; ces entreprises demandent des capitaux que les ouvriers n'ont pas, une suite, une énergie dans l'unité de la direction, qu'une agglomération de travailleurs présente difficilement. Une expérience a été faite dans les conditions les plus favorables, et elle a échoué. MM. Derosne et Cail, à Paris, chefs d'immenses ateliers de mécanique, ont traité, il y a un an, avec leurs ouvriers ; ils leur commandaient des travaux et leur donnaient gratuitement le local, les instruments et les matières premières, c'est-à-dire le capital nécessaire à l'exploitation : les ouvriers prenaient les travaux à l'entreprise, distribuaient les tâches, et répartissaient les salaires comme il leur convenait, sans en rendre compte à MM. Derosne et Cail. Ces ouvriers étaient actifs, intelligents, énergiques, enthousiastes des doctrines socialistes. Eh bien, au bout de quelques mois, pendant lesquels leurs intérêts avaient beaucoup souffert, quoique le travail ne manquât pas, ils ont renoncé à l'association et demandé le retour à l'ancien ordre de choses.

Si les associations d'ouvriers entre eux peuvent avoir du succès, et méritent d'être essayées, encouragées, propagées, c'est quand il s'agit d'industries parcellaires qui exigent peu de capitaux, et où la main-d'œuvre est la principale source de produit. Là surtout doit se porter l'effort de ceux qui cherchent dans l'association un moyen de protéger l'ouvrier contre son isolement, de le relever dans sa dignité, d'améliorer sa position sous tous les rapports. Mais, pour que les combinaisons qu'on tentera puissent réussir, il faut, on ne saurait trop le redire, que les ouvriers conforment leurs mœurs aux nécessités de toute association. Quiconque a un peu d'expérience des affaires commerciales sait combien de difficultés traversent les sociétés même les moins nombreuses et composées d'éléments en apparence le mieux assortis, combien les discussions personnelles y causent de perturbations, combien il est fréquent que les dissentiments intérieurs plutôt que la non-réussite des entreprises, entraînent la dissolution des sociétés. Ce qui est si commun entre gens habitués aux affaires, éclairés sur leurs intérêts, le sera-t-il moins entre ouvriers? Comment leurs associations seront-elles organisées? Reconnaîtront-ils un pouvoir énergique, et quand ils l'auront établi, lui obéiront-ils? Sauront-ils éviter l'anarchie, les soupçons, les récriminations, les querelles? Résisteront-ils à l'inconstance qui déplace si souvent l'ouvrier, aux variations de l'industrie qui sont si fatales quand on n'a pas un capital assez fort pour attendre ou pour chercher mieux? A ces difficultés se joignent celles qui résultent de la diversité des industries, et, dans chaque industrie, du classement des travailleurs pour la répartition des salaires et des profits, selon l'importance des services qu'ils rendent à l'association.

Voilà les objections; elles sont graves; mais doit-on les présenter triomphalement pour rejeter comme une utopie l'extension de l'idée d'association entre ouvriers? Je ne saurais partager sur ce point le doute dédaigneux de quelques économistes, pas plus que je ne crois à une formule générale de société pour toutes les réunions d'ouvriers. Il y a mieux à faire qu'à décourager d'utiles, de généreuses tentatives; il y a, d'abord, à préparer le moral des ouvriers à la carrière où l'avenir les appelle; il y a, ensuite, à profiter de ce qui a été fait déjà, afin de faire davantage. L'idée des associations libres d'ouvriers n'est pas d'aujourd'hui; des essais ont eu lieu : ils se sont multipliés depuis la révolution de Février; plusieurs ont réussi; d'autres n'ont pas pu encore être définitivement jugés. On a vu prospérer, par exemple, la combinaison suivante recommandée par plusieurs économistes; des ouvriers ayant un petit capital se réunissent et deviennent entrepreneurs; ils appellent de simples ouvriers; ils travaillent avec eux à l'entreprise qu'ils dirigent, et prennent dans la répartition des produits leur double part d'entrepreneurs et d'ouvriers. On cite une association de bijoutiers formée, en 1834, sur des bases de fraternité religieuse ; elle se compose d'un très-petit nombre d'ouvriers, qui ont tous les mêmes droits, et restent soumis aux chefs qu'ils ont élus ; les nouveaux associés sont des ouvriers qui ont travaillé au moins pendant six mois dans les ateliers de la société, et que les anciens admettent après avoir bien connu leur habileté, leur moralité, leurs principes religieux. A ces exemples que rappelle M. Villermé, je pourrais ajouter celui du journal *l'Atelier*, fondé avec un capital fourni par des cotisations, rédigé et administré gratuitement par des ouvriers ; cette entreprise a eu l'honneur de fournir plusieurs membres distingués à l'Assemblée nationale.

De nombreuses associations ouvrières se sont formées depuis février 1848 ; la plupart ont renouvelé leur organisation. Celle des tailleurs de Clichy elle-même a modifié ses procédés dans un point essentiel : elle a abandonné de fait l'égalité des salaires. Des règlements sages ont été rédigés pour les associations qui demandent à participer au fonds de 3 millions voté par l'Assemblée nationale. Quant à celles qui se forment avec leurs propres ressources, ce qui les expose à une existence souvent précaire, leurs règlements contiennent des clauses sages et généreuses. Le principal inconvénient qu'ils présentent presque tous est dans la révocabilité du gérant élu, et dans l'insuffisance des pouvoirs qu'on lui attribue. Les associations ouvrières s'entr'aident mutuellement en se fournissant moins cher qu'au public les objets de leur industrie, ce qui a lieu pour les blanchisseuses, les tailleurs, les chapeliers, etc.

M. Villermé, *Des associations ouvrières*, pages 78 et suivantes, donne d'intéressants détails sur les *associations fraternelles*, dont l'organisation semble accuser un plan politique étendu, et qui auraient un tout autre but que celui d'améliorer la condition des ouvriers par le travail. Du point de vue industriel, le seul qui puisse m'occuper ici, ces associations ne paraissent pas offrir des garanties complètes de prospérité et de durée.

Les associations ouvrières dont il vient d'être question ont pour objet le travail et ses fruits. Il y en a d'autres, non moins utiles, qui tendent à rendre la vie moins chère par des acquisitions ou des confections en commun, ou à se garantir contre la privation ou la suspension du travail; à cette dernière classe se rapportent les caisses de secours qu'organisent partiellement, mais d'une manière insuffisante, les associations spéciales : il est à désirer que la prévoyance des travailleurs multiplie ces institutions, et qu'elles prennent assez d'extension pour devenir des établissements d'utilité publique : c'est le but du projet de décret sur les sociétés de secours, dont le rapport vient d'être présenté à l'Assemblée nationale par M. Ferrouillat (voir le *Moniteur* du 8 mars). Le complément des associations de secours est une caisse générale de retraites; cette institution se rapproche des assurances sur la vie, sauf qu'en devenant nationale, elle n'admet plus aucune pensée de bénéfice industriel; elle repose sur le calcul des probabilités de la vie humaine, combinées avec l'intérêt cumulé des sommes placées. (Voyez le rapport de M. Ferrouillat, *Moniteur* du 8 mars 1849.)

L'importance du sujet m'a poussé bien au delà des bornes que je m'étais prescrites; mais il était difficile de ne pas insister; il fallait examiner ce qu'on doit penser, ce qu'on peut espérer de l'idée d'association, non telle que l'entend le socialisme subversif, mais telle que la conçoit le socialisme qui, sans ébranler les bases fondamentales de la production industrielle, pense qu'il est possible d'améliorer, de pacifier les relations réciproques du capital et du travail. Un mot encore en terminant sur ce point. Pour que le bien possible s'effectue, il faut le concours de tous les bons vouloirs; le Gouvernement doit agir par des règlements bienveillants, les patrons par des mesures d'humanité, par la création ou l'entretien d'écoles, d'asiles, de logements d'ouvriers, de secours médicaux, d'établissements gymnastiques propres au développement des forces et à la conservation de la santé; enfin les ouvriers eux-mêmes, par la fréquentation des écoles, par les soins intérieurs de leur ménage, par leur coopération à toutes

les mesures destinées à leur bien-être moral et matériel.

Pour réaliser, dans l'intérêt des classes laborieuses, les
vues d'un socialisme légitime, il n'est pas seulement besoin du concours des patrons, des ouvriers, du Gouvernement; celui de toutes les classes de citoyens est indis-
pensable: il y a solidarité entre tous les enfants d'une
même patrie. Plus que jamais, la devise des sociétés modernes doit être : Aide-toi, le ciel t'aidera. Depuis trop longtemps on s'est habitué à voir dans l'Etat, dans les pouvoirs publics, une Providence chargée de pourvoir à tout;
à force d'exiger de l'autorité qu'elle fasse tout, les citoyens se croient dispensés de rien faire par eux-mêmes.
A certaines heures de danger, le pays, il est vrai, ne s'en
remet qu'à lui du soin de se défendre et de se sauver;
mais on ne livre pas souvent bataille, Dieu merci, et
c'est jour par jour que les affaires se font et qu'inter-
viennent les actes de conservation.

La vie de loisir s'en va; il n'y a plus dans le labeur
quotidien des difficultés sociales que des loisirs occupés.
Dans sa sphère et selon sa situation, chacun doit agir pour
l'intérêt commun. Qu'on ne vienne pas opposer la centralisation administrative; qu'on ne dise pas que Paris
absorbe toute la vie, et que la province s'étiole dans une
oisiveté involontaire. Non, les lois ne doivent pas être
accusées de la faute des mœurs; on a vu, dans la discus-
sion de la constitution de 1848, à quoi se réduisent,
quand on examine sérieusement et de bonne foi, les attaques contre la centralisation; on peut se rappeler avec
quelle irrésistible logique, avec quel bon sens triomphant
M. Dufaure a fait justice des exagérations contenues dans
une sorte de déclaration de guerre à nos institutions administratives, portée à la tribune par M. Béchard. S'il n'y a
pas eu, surtout depuis 1830, plus de vie dans les provinces, à qui la faute? Les élections et les attributions des
conseils municipaux, d'arrondissement et de département,
les commissions pour l'instruction primaire, pour les établissements de bienfaisance, les fonctions de jurés pour

les affaires judiciaires et pour les expropriations, les commissions spéciales provoquées par l'autorité administrative ou concertées avec elle, ne fournissaient-elles pas de nombreuses occasions d'activité ? Les comices agricoles, les sociétés savantes, donnaient certes un aliment au besoin de s'occuper et de se rendre utile. En a-t-on profité? L'ambition des familles, le goût des distractions, la mode, ont fait diriger sur Paris des milliers d'étudiants, au préjudice des académies de province, qui, plus fréquentées, auraient eu des cours peut-être plus intéressants et plus complets. On a longtemps dédaigné les fonctions électives locales : on s'est renfermé dans le cercle de ses affaires ou de ses plaisirs. Qui se récrie le plus vivement contre la centralisation administrative ? Un parti auquel appartient surtout l'ancienne aristocratie. Or, quiconque a observé les habitudes de l'ancienne et aussi de la nouvelle noblesse, a pu juger si les plaintes venant de là sont fondées. A part l'exercice habituel des vertus privées (altérées maintenant par les vices de notre époque), la culture de quelques talents agréables, et la participation (devenue plus rare) à la carrière militaire, la vie de nos gentilshommes est, en général, une existence de caste, bornée, vide, futile, et sans utilité publique. Il y a eu, je le sais, depuis 1789, d'honorables et nombreuses exceptions ; les grands citoyens de l'assemblée constituante ont laissé dans leurs familles de nobles traditions noblement perpétuées. Nous voyons aujourd'hui dans les sciences, dans les lettres, dans les études sociales, le pays illustré ou servi par des noms aristocratiques ; tout le monde citera MM. de Remusat, de Tracy, Molé, de Lamartine, de Beaumont, de Tocqueville, de Montalembert, de Falloux, de Corcelles, de Vogué, de Montreuil, de Luynes, de Melun, et bien d'autres dont on serait heureux de voir les exemples partout imités.

Je le répète, si on veut la conservation, le progrès, l'éloignement des grands périls, il faut agir. Il y a tant à faire ! Outre la charité individuelle, toujours restreinte, souvent trompée, chacun peut participer aux œuvres de de la charité collective ; la religion les a multipliées : ici l'œuvre, si répandue, de Saint-Vincent de Paule, qui cherche, soulage, console les misères ; là celle de Saint-François-Régis, qui remplace par le mariage les cohabitations illégitimes ; celles des femmes ou filles abandonnées, et une multitude d'autres pieuses institutions ; la philantropie a aussi les siennes ; l'administration municipale a ses bureaux de bienfaisance, la garde nationale ses associations fraternelles. Entre toutes les œuvres charitables, qu'il y ait une sainte émulation, et non une rivalité exclusive : qu'on y voie des luttes de dévouement, et jamais des luttes d'influence.

Ce qu'il importe encore de provoquer, de constituer solidement, ce sont les associations ayant un objet spécial ; l'activité, ainsi concentrée, est plus efficace. Voici quelques-unes de ces associations, dont plusieurs sont pratiquées déjà, soit en France, soit en pays étrangers.

Associations pour la salubrité des logements d'ouvriers ou personnes pauvres. Ceci n'intéresse pas seulement la santé, mais aussi la moralité ; si l'on veut ranimer ou corroborer l'esprit de famille, si l'on veut que l'homme reste dans son ménage, il faut que l'habitation offre quelque attrait, au lieu de repousser par son délabrement ou son insuffisance malsaine. C'est dans les grandes villes surtout qu'une réforme dans les logements des classes laborieuses est urgente. A Paris, le conseil de salubrité s'est occupé et s'occupe encore de cette question ; il a rédigé d'utiles instructions, préparé des règlements sanctionnés récemment par la préfecture de police ; mais le pouvoir municipal, investi du droit de prendre des arrêtés pour assurer la salubrité de la voie publique et des établissements publics, peut bien imposer certaines conditions dans la tenue des auberges, hôtels garnis et autres maisons de cette nature ; mais il doit s'arrêter sur le seuil du domicile privé. Pour que l'humanité et la santé publique aient satisfaction dans cette circonstance, il faut l'intervention législative qui dicte, comme cela s'est fait en Angleterre, quelques conditions à la propriété particulière, et l'intervention des associations qui aident par leurs capitaux, leur surveillance et leur direction. En ce moment, une association de ce genre s'organise à Paris; M. le président de la République a donné l'exemple en souscrivant pour 50,000 fr. Cette société propose de bâtir des cités ouvrières, et elle croit pouvoir donner à ses actionnaires 4 p. 0/0 de leurs fonds, malgré les non valeurs très-probables résultant du défaut de location ou de payement. Dans d'autres pays, où les grandes fortunes sont plus nombreuses, et les associations plus largement pratiquées, les souscripteurs renoncent à tout intérêt de leur capital; les produits des locations sont consacrés aux frais d'administration, d'entretien et d'amélioration. Il est question d'essayer une autre combinaison; les associés loueraient des maisons ou garantiraient aux propriétaires les loyers dus par ceux qui les occuperaient, en se chargeant des recouvrements et en faisant les frais nécessaires : l'expérience n'a pas encore ratifié cette tentative, qui semble bien conçue et d'une exécution facilement abordable.

Associations dans un but de propreté. Des établissements se sont formés en grand pour que l'on puisse, à un prix minime, donner des bains ou opérer la lessive du linge des pauvres.

Associations pour le soin des enfants en bas âge. Il existe à Paris une société pour les crèches : il y a, pour le même objet, des associations partielles dans les différents arrondissements; l'exemple a été suivi dans quelques départements. Les salles d'asile peuvent aussi se multiplier par le moyen des associations; ces établissements sont entrés dans le cercle des institutions réglementées par l'administration publique.

Sociétés de patronage. Elles sont d'une grande utilité, soit pour veiller au placement des jeunes apprentis, qui se dépravent trop souvent dans les ateliers, soit pour remplir une mission de tutelle ou de paternité envers les enfants orphelins ou abandonnés, soit enfin pour maintenir dans la bonne voie les enfants ou même les adultes qui ont subi une condamnation judiciaire.

Associations pour l'instruction. Elles peuvent rendre d'inappréciables services, en créant des bibliothèques circulantes, si nombreuses en Angleterre et en Amérique, en fondant des journaux populaires, en publiant des livres moraux, des traités élémentaires : l'association anglaise pour la diffusion des connaissances utiles a répandu d'excellents ouvrages qui se réimpriment sans cesse et dont plusieurs ont eu pour auteurs les hommes les plus éminents de la Grande-Bretagne. Pourquoi une société semblable en France ne réussirait-elle pas dans un appel aux plumes les plus populaires, les plus accréditées ? Le génie lui-même ne saurait aspirer à une plus belle mission que celle de faire pénétrer la lumière de la vérité scientifique dans les masses aveuglées par les ténèbres où travaillées par les sophismes.

Aux associations pour les bibliothèques, les livres, les journaux, les cours et les lectures publiques, comme il en existe à Paris et dans quelques grandes villes, on doit désirer voir s'ajouter des établissements analogues à ceux que les Anglais et les Américains appellent *mechanic institutions*, et qui sont composés, en grande partie, d'associés ouvriers. Ces institutions, destinées à perfectionner l'instruction technique des ouvriers, ont des cours très-variés, et deviennent un point de réunion pour la lecture et la conversation, un centre pour la formation de bibliothèques et de collections; elles se mettent en rapport les unes avec les autres ou avec les sociétés pour l'instruction élémentaire; elles ont obtenu des priviléges du parlement, et se sont multipliées à tel point que *la Revue de Westminster* estime qu'il y en avait en 1844, dans la Grande-Bretagne, 400 ayant ensemble 80,000 affiliés; on porte à 400,000 le nombre des volumes qu'elles possèdent. (Voyez sur ces institutions les intéressants détails donnés par M. Fix, p. 358 et suiv.)

J'arrête une énumération qui pourrait s'étendre. Deux règles de conduite doivent guider tous ceux qui ont à cœur de voir les associations dont je viens de parler se maintenir, se fortifier, et atteindre complétement leur but. D'abord, qu'on ne se contente pas de donner, au bas d'une liste, son nom et son engagement pour une cotisation; une signature, souvent accordée à l'obsession ou apposée par vanité, n'acquitte pas envers de pareilles œuvres. Il y faut une coopération active : celui-ci devra faire de la propagande de salon, celui-là servir de sa plume ou de ses relations ; cet autre siégera dans les conseils, dirigera l'administration : les membres des comités devront y venir avec assiduité ; les assemblées générales devront être nombreuses et leurs résultats rendus publics. En un mot, le succès demande une qualité que nous n'avons pas assez , la persévérance ; nous abandonnons avec indifférence ce que nous avons adopté avec engouement. Malheureux défaut qui fait avorter les meilleures entreprises !

En second lieu, il ne suffit pas de s'associer pour l'ouvrier, il faut toujours s'associer avec lui. S'il a des fonctions à remplir, sa dignité s'élève avec sa responsabilité ; en administrant la chose commune, il s'accoutume ou il revient à l'ordre, à la prévoyance ; il se trouve en contact avec toutes les situations sociales, et la paix publique ne peut qu'y gagner : quand on se connaît et qu'on s'apprécie mutuellement, on cesse de se craindre ou de se haïr.

Enfin, soit qu'on agisse seul, soit qu'on s'associe pour faire le bien, l'assistance matérielle ne sera qu'une partie de la mission sociale. Aux personnes pénétrées du devoir de charité ou du sentiment de fraternité, il suffira de rappeler qu'une bonne parole vaut autant qu'un écu, et qu'une démarche fraternelle est quelquefois le meilleur des secours.

J'ai parcouru trop longuement peut-être, mais d'une manière certainement incomplète, le cercle des idées qui composent ce que je crois pouvoir appeler le bon socialisme. J'arrive au communisme.

Ici, plus d'équivoque dans le mot. Le communisme porte sa définition dans son nom ; il est la négation de la propriété individuelle, qu'il remplace par la propriété collective ; il substitue l'Etat à l'individu ; par la communauté des biens, il conduit à la promiscuité des existences ; il sape les bases de la famille : en supprimant la propriété personnelle, il éteint l'ardeur pour le travail ; il tue la liberté humaine, et fait de l'homme une machine. Tel est le caractère, telles sont les conséquences forcées du communisme, ainsi que l'a éloquemment démontré M. Thiers, *de la Propriété*, livre II.

Je ne fais point, en m'exprimant de la sorte, la réfutation d'une doctrine contemporaine ; je rappelle l'enseignement des siècles ; le communisme n'est pas nouveau sur la terre : partout et toujours il s'est produit avec les mêmes caractères ; son histoire le démontre invinciblement. Il est bon que cette histoire soit écrite ; en la lisant, on cessera de s'étonner et de s'effrayer outre mesure de ce qui se passe aujourd'hui. On ne prendra pas pour un malheur de notre temps et de notre pays une théorie et des faits qui se sont manifestés à toutes les époques et chez tous les peuples. On ne commettra plus cette erreur d'attribuer à l'emportement du caractère français, à l'énergie du mouvement révolutionnaire et républicain des aberrations qui ont éclaté sur les nations les plus calmes et les périodes les moins libérales ; on n'en accusera plus la république de 1848, quand on se rappellera que c'est sous l'empire que saint Simon a préparé son œuvre, que c'est en 1808 que Fourrier a écrit sa *Théorie des quatre mouvements*, que les principales idées de MM. Cabet, Pierre Leroux, Proudhon, ont été émises avant la révolution de Février, qui n'a fait éclore aucun grand système communiste nouveau. C'est le renouvellement radical de 1789, continué en 1830, qui a provoqué, à plusieurs intervalles, les grandes hérésies socialistes. Si les formules doctrinales ont pris en 1848 une physionomie plus inquiétante, c'est qu'elles sont devenues une arme de parti, et qu'elles ont menacé de passer violemment dans le domaine des expériences. Leur impuissance achèvera de rassurer quand on saura que ces tristes utopies n'ont jamais pu survivre aux succès momentanés qu'elles ont eu quelquefois le malheur d'obtenir.

Cette histoire du communisme n'avait pas été écrite. Les historiens de l'économie politique, MM. Blanqui, de Villeneuve-Bargemont, en avaient dit quelques mots seulement. M. Louis Reybaud, dans le volume théorique qu'il a fait succéder à un volume biographique pour former l'ensemble de ses *Études sur les réformateurs*, a consacré un chapitre spécial, intéressant, mais qui n'est qu'un chapitre, *aux idées et aux sectes communistes*. M. Franck a lu à l'Institut un mémoire intitulé le *Communisme jugé par l'histoire*. (Compte rendu, tome XIV, p. 187.) C'est, dans sa forme resserrée, un travail éminemment distingué, qui résume tout, qui n'omet rien d'essentiel, qui juge avec sûreté en même temps qu'il expose avec clarté, mais qui s'arrête après Babœuf, le plus hardi des communistes modernes. Malgré ces précédents, les seuls que je connaisse, la place restait à prendre, et M. Alfred Sudre l'a prise; le livre restait à faire, et il l'a fait.

Ne fût-ce que pour l'intention, on devrait à l'auteur des remercîments et des félicitations; *il* a rendu un grand service en montrant à tous que les systèmes qui font tant de bruit parmi nous ne sont que des retours à des utopies déjà plusieurs fois essayées ou prêchées, puis abandonnées, que les novateurs de nos jours ne sont que des plagiaires du passé qui s'efforcent d'appliquer aux formes et à l'état nouveau de la société des vieilleries usées par l'expérience des siècles. Mais M. Sudre mérite d'autres éloges encore; il a mis beaucoup d'ordre et de clarté dans sa longue revue des doctrines et des pratiques communistes; ses expositions n'ont rien de la sécheresse ni de l'obscurité des livres écrits sur des systèmes philophiques; il raconte avec intérêt comme il disserte avec sagacité; ses jugements sont bien assis; ce sont ceux d'un homme de bonne foi étranger aux passions et aux préjugés de toute école. Il a dissipé quelques erreurs accréditées: par exemple, il a prouvé que le communisme n'a aucun droit à établir une filiation entre lui et les chrétiens primitifs; il a distingué, dans certains faits historiques, surtout dans les guerres des anabaptistes, deux éléments qu'on a presque toujours confondus, et il a fait nettement la part qui revient, dans ces grandes commotions, à l'idée politique et à l'idée communiste; enfin, il a mis un grand soin à caractériser, au moyen d'une analyse consciencieuse, le système de M. Proudhon: ce n'était pas facile; car M. Proudhon, le plus vigoureux destructeur qui ait peut-être jamais existé, n'est guère

4.

sorti jusqu'à présent de ses implacables négations.

M. Sudre me saura gré, j'en suis certain, de lui signaler quelques imperfections que les éditions ultérieures de son livre feront aisément disparaître. Je ne parle pas de certaines taches de style, de certains défauts de proportion entre les divers chapitres ou dans le développement respectif des idées; ces défauts proviennent de l'empressement d'une première rédaction. J'insisterai davantage sur des omissions qui demandent à être réparées.

La Grèce n'a pas été, en Orient, le seul théâtre où le communisme se soit montré; il a fait son apparition en Chine et en Perse : M. Sudre ne parle pas des sectes combattues par Meng-tzeu, ni de Mazdack. Pour être fidèle à son second titre de *Réfutation historique des utopies socialistes*, il aurait dû mentionner au moins les plus importantes de ces utopies anciennes ou nouvelles, par exemple (je cite celles-ci entre bon nombre d'autres), l'*Oceana* d'Harrington, et les rêves des sectes millénaires, ces fous apocalyptiques qui se sont rencontrés, chose étrange, avec les extravagances les plus bizarres de Fourrier; la venue du *millenium* dépassera de beaucoup l'âge d'or : la nature physique elle-même sera transformée; les poissons disparaîtront, les bêtes malfaisantes seront retranchées de la société, les animaux farouches réclameront les honneurs de la domesticité! Ne croirait-on pas lire les hallucinations du fondateur du fourriérisme? M. Sudre n'a rien dit de tout cela; il ne voulait traiter que l'histoire du communisme; mais qu'alors il retranche la seconde partie de son titre. A côté de cette observation, peut-être trop minutieuse, s'en placent d'autres plus graves. L'analyse des communistes français aurait dû comprendre M. Pierre Leroux; M. Reybaud, qui place cet écrivain parmi les humanitaires, n'a pas manqué de montrer en quoi il se rattache au communisme.

A l'étranger, un mouvement communiste, surtout en Allemagne et en Suisse, agite sourdement les masses; il y est fomenté, même parmi des hommes éclairés, par les écrits philosophiques les plus radicaux, et il s'est infiltré dans un grand nombre de sociétés secrètes, affiliées entre elles. Les indications que M. Sudre trouvera dans le livre de M. Fix, p. 180 et suivantes, lui fourniront la matière d'un chapitre du plus grand intérêt.

Quand on veut parler des folies humaines, le sujet est si vaste qu'il faut viser à se restreindre. Le catalogue serait long de toutes les écoles, de toutes les sectes sociales qui ont rêvé pour des mondes imaginaires des bonheurs impossibles ; il faudrait des volumes à qui voudrait classer toutes ces utopies, et les exposer dans toute la sincérité de leurs illusions, dans toute la naïveté de leurs erreurs, dans la monstruosité de leurs aberrations. Celles qui se résument principalement dans l'idée de la communauté sollicitent de nous une attention plus sérieuse parce qu'elles ont fait invasion dans la science économique et qu'elles ont élevé la prétention de gouverner, de force, la société ; il importe de connaître leur passé, afin de prévoir leur avenir.

Le communisme est bien vieux ; il a paru dans le monde ancien à l'état de théorie, de tentative violente, et même d'institution politique, on verra à quelles conditions. Sa trace se trouve en Chine, dans les doctrines de la secte *Mé*, qui *aimait tout le monde indistinctement, et ne reconnaissait pas de parents :* le philosophe Meng-Tzeu disait que ne pas reconnaître de famille, c'est être comme des brutes et des bêtes fauves.

Le régime de la communauté ne s'est pas établi dans toutes les sociétés antiques où existait l'esclavage ; mais partout où il s'est fondé et a duré, là l'esclavage subsistait : il n'a jamais pu se constituer qu'à l'aide de la servitude et pour l'avantage d'une révoltante aristocratie. « C'est, dit M. Franck, une loi qui domine tous les événements et qui préside à la marche des sociétés humaines, que la propriété, aussi bien que l'individu, ne s'affranchit que par degrés des liens de la communauté, soit celle de l'État ou de la famille, ou d'une caste privilégiée, pour revêtir un caractère entièrement libre ou personnel. En d'autres termes, la communauté et l'esclavage, la propriété et la liberté ont toujours existé ensemble et dans les mêmes proportions : partout où l'on aperçoit l'une, on est sûr de rencontrer l'autre ; dès que l'une est niée, étouffée ou amoindrie, l'autre l'est également. »

Voici les faits à l'appui de ces axiomes historiques. Les lois de Manou établissent la propriété collective, et la remettent tout entière entre les mains des brahmanes ou de la caste sacerdotale. «Le brahmane, dit la loi indienne, est le seigneur de tout ce qui existe : tout ce que ce monde renferme est la propriété du brahmane ; c'est par la générosité du brahmane que les autres hommes jouissent des biens de ce monde. » Les trois autres castes qui forment la société indienne, celles des guerriers, des laboureurs et des marchands, des artisans, sont toutes asservies, dans différentes mesures, à l'ordre des brahmanes.

De même, dans l'ancienne Egypte, la théocratie possède collectivement, d'une manière indivisible et inaliénable, plus des deux tiers du sol : la nation est partagée en castes, dont chacune est condamnée à perpétuité à exercer la même profession : c'est à la fois le communisme et l'organisation du travail ; c'est aussi l'immobilité, l'absence de vie et de liberté.

Les institutions communistes n'ont jamais été plus fortement établies que dans l'île de Crète et à Sparte, là par les lois de Minos, ici par celles de Lycurgue. Ce sont ces institutions qu'une aveugle admiration classique, aidée d'une complète ignorance des premiers principes d'économie politique, a longtemps consacrées comme un modèle de gouvernement républicain ; fatale erreur qui n'a pas été étrangère aux malheurs de notre république de 1792. L'expérience nous garantit contre le retour des fautes du passé : les progrès des sciences historiques et économiques doivent nous guérir à jamais de tout enthousiasme, de toute sympathie pour des législations barbares et oppressives. Lacédémone comprenait une masse d'esclaves courbés sous un joug odieux, et un certain nombre d'hommes libres agitant sans cesse l'Etat par leurs querelles. Lycurgue voulut mettre un terme aux divisions : il établit une réforme radicale. L'abolition de l'esclavage n'entra pas, ne pouvait pas entrer dans sa pensée ; l'esclavage antique, bien différent de celui des temps modernes qui va s'adoucissant toujours, et qui disparaît sans que l'état social des nations soit sensiblement altéré, l'esclavage antique est une condition essentielle, perpétuelle des républiques grecques ; des masses deshéritées de tout droit et même de l'espérance, des despotes aristocrates sous le nom de citoyens, voilà la base de ces gouvernements si vantés. Il y avait à Lacédémone des esclaves pour le service personnel, et des ilotes pour la culture des terres et pour les travaux déshonorants de l'industrie et du commerce ; tous étaient considérés comme des choses : Lycurgue en fit des propriétés publiques. Il partagea les terres également entre tous les citoyens et les déclara inaliénables ; il mit en commun les objets mobiliers, ordonna que tous les repas fussent publics. La famille ne fut pas plus épargnée que la propriété ; les enfants, dès leur bas-âge, étaient soumis à une éducation commune : ceux qui naissaient avec une complexion faible étaient égorgés. Les filles n'étaient élevées que dans le but de faire des enfants robustes ; on les exerçait, toutes nues, et publiquement, aux jeux des athlètes. Devenues femmes, elles entraient en communauté, comme les enfants et les biens ; on pouvait prêter sa femme et emprunter celle d'un autre, pour avoir des enfants plus beaux et plus forts : au lieu de familles on avait des haras humains. Pour empêcher l'excès de population qui aurait pu déranger les combinaisons aristocratiques, on ajoutait aux égorgements des nouveau-nés la chasse aux ilotes ; on tuait quelques milliers d'ilotes, s'ils menaçaient de devenir trop nombreux.

Les maîtres n'étaient pas plus libres que les esclaves. « On ne laissait à personne, dit Plutarque, la liberté de vivre à son gré ; la ville était comme un camp où l'on menait le genre de vie prescrit par la loi. » Sparte n'était, en réalité, qu'une caserne de soldats féroces. « Au fond, dit judicieusement M. Franck, il y a moins de différence qu'on ne pense entre cette constitution et celle des castes orientales ; l'orgueil patriotique s'est substitué à la foi religieuse, et le guerrier au prêtre ; mais l'esclave est resté à la même place, plus méprisé, plus malheureux, plus opprimé qu'auparavant. » Les Crétois, auxquels Lycurgue a emprunté ses lois, avaient des esclaves chargés des travaux de la terre et des autres services manuels; les citoyens se livraient à la guerre, aux affaires publiques et à l'oisiveté; ils prenaient en commun leurs repas payés par l'État; les biens et les femmes étaient en communauté. Soutenues longtemps par l'égoïsme et par l'orgueil, les institutions lacédémoniennes s'écroulèrent dans la corruption. Et c'est là ce qu'on voudrait nous faire admirer, ce qu'on prétendrait nous faire imiter!

Les pratiques odieuses de Crète et de Sparte ont été idéalisées par Platon. Les enthousiastes quand même du philosophe grec ont cru l'absoudre en disant que sa *République* n'était pas une constitution pratique, mais seulement le type rêvé de la perfection sociale. On va voir ce que vaut cette excuse, et ce qu'il faut penser de l'idéal de Platon. D'abord, l'esclavage y est consacré comme condition éternelle de l'ordre social : il faut à tout jamais des esclaves pour qu'il puisse y avoir des citoyens ! Les hommes sont divisés en trois castes ou classes : les magistrats et les sages, les guerriers, et les mercenaires, qui comprennent les laboureurs, les artisans et les marchands; cette dernière n'est bonne que pour servir les autres, et ne mérite pas qu'on s'en occupe. L'aristocratie des guerriers et des philosophes, voilà toute la société. — Les guerriers, toujours armés, campés, n'ont rien à eux, sont nourris en commun aux frais de l'État. Pour maintenir la perfection des deux races privilégiées, Platon proscrit le mariage et ne permet que des unions annuelles; les enfants ne connaissent pas leurs parents : ils sont déposés dans un asile commun, allaités par les mères changées en nourrices publiques, élevés en commun par l'État; les filles se livrent aux mêmes exercices que les garçons. Les enfants mal constitués, incorrigibles, ou nés hors des conditions de l'accouplement légal, sont mis à mort; l'avortement est ordonné aux femmes après leur quarantième année ! La propriété est proscrite comme la famille.

Dans son livre *des Lois*, Platon fait de vains efforts

pour concilier la propriété individuelle avec l'égalité entre les citoyens ; les moyens arbitraires et violents qu'il propose ne supportent pas un sérieux examen. Il proclame la communauté des femmes. Tel est, en résumé, l'idéal platonicien !

Le communisme ne pénétra point dans les institutions romaines ; nulle part la famille et la propriété n'ont été plus fortement constituées qu'à Rome.

Le régime de la communauté a été adopté dans l'antiquité par quelques agrégations. Sans parler des pythagoriciens et de leurs collèges, on peut citer les deux sectes juives des Esséniens et des Thérapeutes. Les Esséniens, renfermés dans un petit espace, et à un nombre qui ne dépassa pas quelques mille, habitaient la campagne, travaillaient à la terre et aux objets de première nécessité, n'avaient point d'esclaves, n'amassaient pas d'argent, mettaient leurs biens en commun, professaient la morale la plus pure, étaient divisés hiérarchiquement en classes, menaient une vie simple et uniforme, élevaient des enfants et formaient des néophytes, n'admettaient et ne gardaient que des gens de bonne conduite, vivaient dans l'abstinence et la mortification des passions. Leurs défauts étaient l'orgueil, l'intolérance, la séparation absolue des castes, le secret des doctrines et l'enseignement du fatalisme. Les Thérapeutes vivaient d'une manière analogue ; seulement leurs habitations étaient isolées les unes des autres. Ces communautés ascétiques furent les prédécesseurs des monastères et des anachorètes.

Le communisme a quelquefois élevé la prétention de faire remonter sa filiation au christianisme. C'est un blasphème. L'Evangile ne contient pas un mot en faveur de la communauté, pas une parole contraire à la propriété individuelle ; il reconnaît la propriété, tout en ordonnant l'aumône, en prêchant le renoncement spontané au profit des pauvres. L'exemple des apôtres et des disciples du Christ ne prouve rien : s'ils vécurent en commun, ce fut par la nécessité de s'aider mutuellement et par le désir de travailler à leur perfectionnement moral ; mais ces premières associations durèrent peu et ne purent se soutenir que par le pouvoir donné aux apôtres de distribuer à chacun selon ses besoins. Les actes des apôtres, les épîtres n'ordonnent pas, ne recommandent pas la vie en commun. Le régime de la communauté fut proclamé par des hérésiarques. Au commencement du 2ᵉ siècle, Carpocrate et son fils Épiphane fondèrent une secte qui mettait en commun les propriétés, les repas, les femmes ; ils se livraient à toutes sortes d'écarts et de débauches ; les Carpocratiens furent repoussés avec horreur et mépris.

La vie monastique commença dans le 4ᵉ siècle : ceux qui s'y livraient, loin de chercher, dans la communauté, des jouissances matérielles, s'imposaient des privations et des épreuves rigoureuses, s'adonnaient à la prière, à la contemplation, à des travaux manuels. Rien de commun entre cette existence ascétique et les exigences de satisfaction physique imposées par le communisme, qui, d'ailleurs, prétend s'appliquer à des nations entières, sans le lien de la règle religieuse.

On a invoqué l'exemple des établissements des jésuites au Paraguay et celui des frères moraves ; mais les jésuites ne parvinrent à maintenir, dans leurs *réductions*, des mœurs pures, un certain degré de civilisation et la vie commune, qu'au moyen du pouvoir absolu et du principe religieux : et la société factice qu'ils créèrent ne leur survécut pas. Les frères moraves, petites associations répandues dans quelques localités, surtout en Allemagne, se maintiennent par l'exaltation du mysticisme ; ils n'ont pas aboli la propriété individuelle, et ne mettent en commun qu'une partie de leurs bénéfices : ils pratiquent le mariage ; mais ils relâchent les liens de famille par l'éducation en commun, et par la division en groupes ou chœurs, formant des communautés partielles déterminées par l'âge et la condition civile.

Plusieurs écrivains communistes ont voulu rattacher leurs doctrines aux grandes hérésies de Pélage, des Vaudois et des Albigeois, et aux agitateurs du 14ᵉ et du 15ᵉ siècle. M. Sudre a parfaitement démontré leur erreur. Pélage et ses disciples ont émis quelques idées exagérées sur le renoncement aux richesses : mais ces exagérations, réfutées par saint Augustin, partaient d'un excès de charité et d'un rigorisme religieux, tandis que le communisme fait appel aux appétits matériels, pousse à la spoliation et ne voit de bonheur que dans les jouissances sensuelles. Quant aux Vaudois et aux Albigeois, les faits historiques, les témoignages de leurs contemporains, et leurs propres écrits, les justifient suffisamment du reproche de communisme et de promiscuité des sexes. On ne trouve non plus ni les doctrines ni la pratique de la communauté, de l'égalité absolue, de l'abolition de la famille, chez Lollard et ses disciples, chez Wiclef, qu'on a, mal à propos, mêlé aux grandes insurrections populaires de son temps, ni chez les Hussites. Les hérésies et les révoltes de ces hommes et de ces sectes présentent des caractères tout différents de ceux du communisme.

Les vrais antécédents du communisme sont moins dans les écarts de la raison que dans l'exaltation des appétits sensuels, des besoins matériels, des passions, qui sont et seront les mêmes dans tous les temps. C'est à ces entraînements de la convoitise que se rapportent les prédications et les succès éphémères du Persan Mazdack, à la fin du 5e siècle ; il se prétendit prophète et enseigna la communauté des biens et des femmes. Il disait : « Toutes choses, tant animées qu'inanimées, appartenant à Dieu, il est impie à un homme de vouloir s'approprier ce qui est à son créateur, et ce qui, en cette qualité, doit rester à l'usage de tous... Nous divisons toutes choses également entre les hommes ; nous restituons aux pauvres ce qui leur est dû pour vivre : quand les hommes se disputent les biens et les femmes, ils s'arrachent la vie pour les obtenir. » Ces doctrines eurent de nombreux sectateurs : on y comptait le roi lui-même. Les disciples, conséquents avec la théorie, pratiquèrent le rapt et le pillage, désolèrent le pays, qui se fit justice par une révolution : la nation se souleva, chassa le roi et le remplaça par son frère Mazdack et ses adhérents périrent dans les supplices ; sa doctrine disparut avec lui.

L'application la plus large, la plus hardie, la plus logique du communisme est due aux anabaptistes du 16e siècle. (Voy. M. Sudre, chap. VIII, IX et X.) Cette secte eut pour chef le plus exalté Münzer, qui déduisit, du principe de la fraternité chrétienne, l'égalité absolue, l'abolition de toute autorité, l'expropriation générale et la communauté des biens. Ses prédications enflammaient les populations de la Saxe. « N'avons-nous pas droit, disait-il, à l'égalité des biens, qui, de leur nature, sont faits pour être partagés, sans distinction, entre tous les hommes? La terre est un héritage commun, où nous avons une part qu'on nous ravit. Quand avons-nous cédé notre portion de l'hérédité paternelle? Qu'on nous montre le contrat que nous en avons passé. » Münzer profita de l'insurrection des paysans pour lever, de son côté, une armée en faveur de ses idées qui, loin de servir à la cause de l'affranchissement du peuple en Allemagne, contribuèrent à sa perte; il y a longtemps que la démagogie est l'ennemi le plus dangereux de la liberté. Persécuté, et après des vicissitudes diverses, il s'empara de Mulhausen, ville impériale, en fanatisa les habitants, et fit donner le pouvoir à lui et à ses partisans. Il se constitua le distributeur suprême des biens, qui furent tous mis en commun. On lui apportait toutes les richesses dans son palais : les ouvriers cessaient leurs travaux, pour vivre, dans l'oisiveté sur le fond commun : maître absolu, Münzer rendait une justice arbitraire. Il voulut faire une guerre de propagande, souleva des masses, et se disposait à joindre l'armée des paysans, commandée par Metzler, quand il fut battu, pris et envoyé au supplice. Après lui, les anabaptistes se dispersèrent dans différentes parties de la Suisse et de l'Allemagne; les uns donnèrent l'exemple des plus hideux excès, d'autres fondèrent de petites communautés honnêtes, que les facilités de la vie commune corrompirent et que l'anarchie détruisit.

L'anabaptisme n'avait pas renoncé à la guerre ni à la propagande; son chef le plus célèbre de cette époque est Jean de Leyde. Ce jeune homme, beau, lettré, instruit par ses voyages, poëte, sensuel, emporté, avait quitté sa femme pour dogmatiser en Hollande et en Allemagne. Il fascina la multitude et les femmes de Munster, fomenta une

émeute, pilla les églises, chassa, l'épée à la main, tous
ceux qui ne se joignaient pas à lui ; le sénat fut dissous :
les anabaptistes en nommèrent un autre et choisirent
deux consuls ; ce qui restait des églises et des couvents
fut livré au pillage ; les objets d'art et tous les livres, à
l'exception de la Bible, furent détruits. Mathias, le prophète, ne tarda pas à se faire remettre toute l'autorité. Il
établit la communauté des biens, et fit distribuer les aliments à chaque famille. Il voulut faire la guerre, et périt
dans une sortie. Jean de Leyde, caché dans une retraite
d'une habile humilité, parvint à s'emparer du pouvoir ; il
institua douze juges, pris parmi ses partisans dévoués,
leur fit décréter la pluralité des femmes, et donna l'exemple,
en se mariant dix-sept fois : ce désordre, poussé jusqu'à
la promiscuité par la facilité des divorces, souleva une op-
position qui fut étouffée dans le sang. A l'aide d'ignobles
impostures, Jean de Leyde se fit décerner la royauté.
L'apôtre de l'égalité s'entoura d'une cour fastueuse, se fit
livrer tous les objets précieux, jugea lui-même les procès
relatifs aux mariages, exécuta plusieurs fois, de sa main,
les condamnations à mort, se fit proclamer chef de la religion, et osa de sacriléges imitations des actes du Christ.
Assiégé par les troupes de l'évêque de Munster, il essaya
de faire une diversion par une insurrection communiste à
Amsterdam. La tentative échoua ; Jean de Leyde résolut
alors d'obliger la ville à une résistance désespérée : pour
frapper les habitants de terreur, il trancha lui-même, en
public, la tête de la veuve de Mathias, une de ses femmes,
coupable d'avoir intercédé en faveur d'une population af-
famée. La ville fut livrée par un transfuge ; Jean de Leyde, pris en combattant, périt sur l'échafaud dressé à la
place où avait été élevé son trône. Ainsi finit ce hideux
règne de deux années, marqué par l'abolition complète
de la propriété, de la famille, de la liberté, et par le hon-
teux despotisme sans lequel le régime de la communauté
est impossible.

Après les saturnales sanglantes les rêves innocents ;
avec le grand schisme du 16e siècle et le retour aux
études classiques se prépare une nouvelle ère pour le com-

munisme, et c'est par la philosophie spéculative qu'il est ramené à de nouveaux essais d'application. Thomas Morus, dans son *Utopie*, refait Platon, proscrit la propriété avec des déclamations qu'on croirait écrites de nos jours, fait du travail une peinture attrayante, conserve la famille et le mariage, mais admet l'esclavage; le tout est présenté sous la forme d'une sorte de roman dont l'auteur ne se dissimule pas les vices essentiels; il reconnaît l'impossibilité de la société vivant en communauté.

Le moine Campanella imagine, sous le nom de *Cité du soleil*, une société fantastique, renouvelée de Sparte et de Platon, où il n'y a ni propriété ni famille, où tout est réglé despotiquement, jusqu'à l'assortiment des couples amoureux.

Le 18e siècle, qui a remué tant d'idées et amassé tant de ruines, ne pouvait manquer d'attaquer la propriété avec le reste. Parmi les novateurs de ce temps de destruction, les uns se bornent à la théorie, comme Rousseau; les autres enseignent le communisme appliqué, comme Mably et Morelly; Babœuf le traduit en institution et en organise l'établissement par l'insurrection.

Rousseau n'est point communiste, du moins d'intention; il jette l'anathème sur l'imposteur qui inventa la propriété : « Vous êtes perdus, dit-il, si vous oubliez que les fruits sont à la terre, et que la terre n'est à personne; » il ne parle pas avec moins d'amertume de la société en général; mais il conclut en disant qu'il ne faut songer à abolir ni la société, ni la propriété qu'il reconnaît comme une condition essentielle de l'existence sociale. Il est communiste sans le vouloir quand il soutient que la propriété n'est qu'une création de la société, et qu'il attribue à la loi un droit souverain sur les biens des citoyens. Le communisme est-il autre chose que l'absorption de la propriété individuelle par le corps social? Il y conduit encore par ses idées sur l'égalité des fortunes et par les moyens oppressifs qu'il propose pour la maintenir. — Comme Rousseau, Linguet et Necker se déchaînent en rhéteurs contre l'inégalité et contre les misères des pauvres, qu'ils présentent comme exploités par le despotisme des riches.

Mably, plus rigoureux dans ses théories, formule franchement le principe communiste. Il nie la propriété ; il invoque la république de Sparte ; il reconnaît que la communauté ne peut être immédiatement établie, mais il veut qu'on la prépare par une éducation commune des enfants, par la limitation des fortunes, par des lois agraires, par des restrictions au droit de succéder, et la prohibition du droit de tester, par des lois somptuaires et la proscription du commerce.

Le *Code de la nature*, attribué d'abord à Diderot, est l'œuvre de Morelly, écrivain obscur, réhabilité par de célèbres communistes de notre temps, qui lui ont emprunté les idées qu'ils donnent comme leur système. Suivant Morelly, l'homme est né bon ; ce sont les institutions sociales qui le rendent mauvais, en lui inspirant les passions cupides ; donc il faut trouver un ordre social où l'homme ne puisse être dépravé. Les bases de la constitution parfaite se résument dans ces trois propositions : « 1° Rien dans la société n'appartiendra singulièrement ni en propriété à personne, que les choses dont il fait un usage actuel, soit pour ses besoins, ses plaisirs ou son travail journalier ; 2° tout citoyen sera homme public, sustenté et entretenu aux dépens du public ; 3° tout citoyen contribuera pour sa part à l'utilité publique, selon ses forces, ses talents et son âge ; c'est sur cela que seront réglés ses devoirs, conformément aux lois distributives. » Voilà le droit au travail et la formule des droits proportionnels aux besoins.—Morelly punit toute tentative de retour à la propriété privée, établit une telle égalité politique que les fonctions de l'Etat passent à tour de rôle à chaque citoyen ; règle et impose, par la loi, la nature, la durée et les procédés du travail, les vêtements et les aliments, les heures du sommeil, du repos et des récréations ; oblige tout le monde à se marier, élève les enfants en commun, prescrit tout ce qu'on doit leur enseigner, fait donner aux jeunes gens, par l'autorité, la profession qu'ils doivent exercer, limite le nombre des personnes à qui il est permis de cultiver les arts et les sciences, marque le cercle d'où ne peuvent jamais sortir les sciences morales, et fonde une philosophie de l'État, qu'il est défendu de discuter ou de contredire. Le produit net de ce système, qui renferme tout le communisme, est donc un despotisme absolu sur la pensée comme sur toute l'existence du citoyen.

Un écrivain devenu célèbre comme homme politique, Brissot de Warville, avait écrit un livre intitulé *Recherches philosophiques sur le droit de propriété et le vol.* C'est la dernière et la plus violente expression du matérialisme : l'auteur attaque à outrance la propriété, le mariage et tous les principes de l'ordre social; il ne reconnaît d'autre base des droits que les besoins; il avoue et proclame que la vie sauvage, sans frein et sans lois, est la seule conforme à la nature; il place les animaux sur le même rang que l'humanité; il montre les riches comme des criminels, et pousse directement à la spoliation et au supplice de ceux qui possèdent. M. Proudhon, si fier de sa belle définition *la propriété, c'est le vol*, n'en est pas l'inventeur, quelque orgueil qu'elle lui inspire; il l'a prise à Brissot, qui dit en propres termes : « La propriété exclusive est un vol dans la nature... L'atteinte portée à ce droit s'appelle vol, et pourtant le voleur, dans l'état naturel, est le riche. » Il faut dire, à l'honneur de Brissot, que plus tard il abandonna ces indignes sophismes. Pourquoi n'espérerait-on pas la conversion de M. Proudhon ?

Les idées de Rousseau ont inspiré Robespierre et Saint-Just; celles de Morelly ont produit Babœuf. Ce tribun, chef de la secte *des égaux*, formée des débris du terrorisme, prépara un projet d'insurrection formidable, dont l'histoire a conservé les détails. On n'a jamais rien conçu de plus radical que les projets de ce conspirateur communiste. Il prélude à l'établissement de sa république par le règlement de l'insurrection. Ses plans définitifs sont consignés dans une déclaration de principes et dans une suite de décrets. Voici les principales dispositions : grande communauté nationale, comprenant tous les biens de l'État, des communes, des hospices, et les produits de nombreuses confiscations ; abolition des droits de succession et de testament ; formation d'ateliers nationaux, dirigés par des chefs électifs, sous la surveillance de l'autorité, et avec faculté pour le pouvoir de déplacer les travailleurs ; emmagasinage des produits de l'agriculture et de l'industrie, répartis par des magistrats spéciaux ; garantie, à chacun des membres de la communauté, d'une aisance médiocre et frugale ; repas en commun ; suppression du commerce intérieur et extérieur par les particuliers, la communauté seule procurant, par des échanges en nature avec les peuples étrangers, les denrées et marchandises exotiques ; transports opérés par des fonctionnaires spéciaux ; abolition des dettes publiques et privées, suppression des monnaies, prohibition de l'importation de l'or et de l'argent. Tout le monde ne fait pas de plein droit partie de cette communauté, qui semblerait, au premier abord, destinée à assurer le bonheur de tous ; ceux qui restent en dehors payent seuls les impôts, qui sont doublés, et doivent être acquittés en nature au profit de la communauté ; les exclus contribuables peuvent être requis de livrer leur superflu en denrées et en objets fabriqués. Pour faire partie de la communauté, il faut vivre d'un travail utile, c'est-à-dire de l'agriculture, de la pêche, de la navigation, des arts mécaniques et manuels, de la vente en détail, du transport, de la guerre, de l'enseignement et des sciences, la littérature et les arts demeurant proscrits. Ceux qui vivent de leurs revenus sont des étrangers : ils sont sous la surveillance directe de l'administration, qui peut les chasser de leur domicile et les envoyer dans des lieux de correction, et qui astreint à des travaux forcés les individus des deux sexes dont l'incivisme, l'oisiveté, le luxe et les déréglements donnent à la société des exemples pernicieux ; leurs biens demeurent acquis à la communauté nationale ; les étrangers suspects et les individus arrêtés sont envoyés dans des îles rendues inaccessibles, pour y être astreints à des travaux forcés. Tels sont les moyens employés à la destruction de la propriété : l'absurdité de cet odieux despotisme n'a de comparable que la férocité des moyens d'extermination qui devaient inaugurer la *république des égaux*.

Les théoriciens pacifiques venus après les terroristes, comme les utopistes avaient succédé aux anabaptistes, ont reproduit, sous d'autres formes, leurs prédécesseurs. Les cités communistes des 16e et 18e siècles se retrouvent dans les sociétés coopératives d'Owen. Les saint-simoniens sont communistes par l'abolition de l'héritage et de la famille, par l'attribution, conférée à un pouvoir irresponsable, de disposer des biens et des personnes, par les théories sur la femme libre, qui conduisent directement à la promiscuité des sexes. La doctrine de Fourier est aussi communiste, par la communauté d'habitation, d'existence, de travaux, de plaisirs, par l'exploitation en commun des terres et des ateliers industriels, par l'éducation commune des enfants, par la réhabilitation des passions, la sanctification des jouissances, la suppression des lois répressives, par un système de relations entre les deux sexes qui n'est qu'un déguisement de la communauté des femmes ; mais il reconnaît les droits du capital et du talent, maintient la propriété individuelle, repousse le despotisme. Il laisse à la vie sociale une telle liberté, avec de telles théories morales, qu'un phalanstère, réalisant les conditions de la doctrine, est radicalement impossible.

M. Cabet est franchement communiste, et il le déclare; comme Morus, qu'il a pris pour modèle, il trace une utopie, un roman, le portrait d'une société idéale, qu'il orne de toutes les perfections imaginables. Son Icarie est une merveille incomparable ; la communauté, à la manière de Morelly et de Babœuf, y règne dans tout son éclat. Il maintient le mariage et la famille, grave inconséquence qui a produit un schisme parmi ses disciples. Ses idées politiques, adressées plus particulièrement aux classes ouvrières, poussent aussi loin qu'il est possible les exagérations démocratiques qui agitent si puissamment les masses, et sèment de si affreux germes de haine, au nom de la fraternité, et, le croirait-on ? sous l'invocation du christianisme et des philosophes, des publicistes les plus éloignés des aberrations du communisme !

Les communistes contemporains de l'Allemagne emploient les formes scientifiques les plus abstraites, et, à l'exception des ateliers nationaux, proposent peu de moyens pratiques. Les ouvriers allemands et suisses organisent le communisme par les sociétés secrètes.

M. Louis Blanc ne se dit pas, ne se croit peut-être pas communiste; il l'est, au fond, par ses théories sur l'organisation du travail. M. Pierre Leroux se rallie également au communisme. Cela résulte, malgré l'obscurité générale de ses formules et malgré les précautions restrictives de son style, d'un passage de son livre de l'*Humanité*, où, après avoir dit qu'on ne peut admettre que la propriété qui ne détruira pas « la communion de l'homme avec l'univers et avec ses semblables, » il ajoute qu'un des moyens de détruire cette communion, « c'est de diviser la terre, ou, en général, les instruments de production, d'attacher les hommes aux choses, de subordonner l'homme à la propriété, de faire de l'homme un propriétaire. »

Quant à M. Proudhon, il est à la fois l'ennemi juré de la propriété individuelle, et l'adversaire du communisme. Personne n'a réfuté avec plus de puissance que lui les différents systèmes socialistes. A travers ses négations, M. Sudre a cherché à dégager une doctrine caractéristique : ce travail était difficile; M. Proudhon lui-même vient de le rendre inutile ; il a donné tout récemment son dernier mot (dernier quant à présent). « De système, dit-il, dans *le Peuple* du 21 mars 1849, je n'en ai pas, je n'en veux pas, j'en repousse formellement la supposition ; le système de l'humanité, nous ne le comprendrons qu'à la fin de l'humanité. Du but, je m'en soucie peu. Appelez-le communauté, phalanstère, ou tout ce qu'il vous plaira, cela m'est égal, je ne m'en occupe pas : je cherche des moyens. » Comprenne qui pourra; des moyens cherchés sans savoir pour quel but! un ingénieur construisant une route qui ne conduit nulle part ! M. Proudhon (c'est lui qui le proclame) n'a ni système, ni but, il ne sait ce qu'il veut; c'est au néant qu'il consacre ses efforts ! Etonnez-vous donc qu'il n'arrive à rien!

En présence du despotisme abrutissant, des spoliations, des misères, de l'immoralité honteuse que le communisme de tous les temps a fait subir à l'humanité, puissent les réformateurs radicaux imiter l'exemple de M. Proudhon, et renoncer à l'esprit de système, l'ennemi né de l'esprit de progrès! Les améliorations vraies ne procèdent point d'une manière si superbe; elles s'occupent de bien faire, plus que de bien argumenter; elles cherchent moins le bruit que les bons résultats. Du haut de sa chaire ou du fond de son cabinet, un grand socialiste a beau travailler à renouveler le monde : ses plus belles théories ne vaudront jamais un bienfait en action. Que de pages philosophiques je donnerais pour une œuvre comme celles de l'abbé Fissiaux à Marseille, de M. Schutzemberger à Oswald, de M. Demetz à Mettray! Le génie des novateurs a laissé et laissera des souvenirs mêlés d'étonnement, de douleur et de malédictions; heureux l'homme dont la mémoire mérite ce mot sublime de l'Evangile : « Il a passé en faisant du bien! »

FIN.

Typographie PANCKOUCKE, rue des Poitevins, 6.

www.ingramcontent.com/pod-product-compliance
Lightning Source LLC
Chambersburg PA
CBHW070949280326
41934CB00009B/2050